VERITABE RAPPORT DES CONFERENCES

TENVES A PARIS ET FONTAI-ne-bleau, pour remedier aux defordres des monnoyes:

ET QVE LES ESPECES D'OR & d'argent introduictes par l'Edict du Roy, font meilleures que les anciennes monnoyes.

Enfemble la refponce aux contredi-fans d'iceluy Edict.

Par M. NICOLAS DE COQVEREL Confer du Roy, & General en fa Cour des Monnoyes.

À PARIS,

Chez IEAN MILLOT, fur les degrez de la grand'falle du Palais.

M. C D. X.

Auec priuilege du Roy.

À MESSIÈVRS
LES COMMISSAIRES,
DEPVTEZ PAR SA MAIESTÉ
pour la reformation des monnoyes.

ESSIEVRS En l'eſtabliſſement des loix, les Legiſlateurs ont conſideré les remedes neceſſaires à reprimer l'inſolence & temerité des meſchans, & pour telles polices, ont merité loüanges eternelles: mais celuy des Roys & legiſlateurs qui empeſche de mal faire, eſt encores plus louable pour à quoy paruenir ayant ſa Majeſté conuié tous ſes ſubjects à luy propoſer moyens pour reformer les deſordres de ſes monnoyes, dont il vous auroit remis la principale charge & que vous eſtes memoratifs qu'en la preſentation des nos memoires, pour la reformation d'icelles: Humblement vous ſupplie que ſi les moyens que ie preſentois n'eſtoient vtiles au Roy, à l'enrichiſſement du General & Particulier du Royaume, la memibire en feuſt auſſi toſt eſtainête, & moy chaſtié à la ſaçon des Leures, pour à mon exemple reprimer toutes perſonnes qui ſeroient ſi hardis, que de propoſer en la refor-

ā

mation des monnoyes, moyens ilicites à la façon des
Courtisans du temps de Solon : & estes Messieurs memoratifs des louanges qui furent prononcées en vostre presence en ma faueur, par Monsieur le Premier President
des monnoyes: apres la lecture d'iceux que l'on cognoissoit
les Maistres d'entre les Ouuriers: Neantmoins vn estranger nouuellement habitué en France à esté si hardy, que
de proposer vn libelle diffamatoire contre l'Edict du Roy,
qui sont semences de diuisions, qui regardent l'interest
du Roy, & du public, speciallement du lieu d'où il vient,
& pour oster toute mauuaise impression que le peuple, ignorant la bonté des metaux, se pourroit estre peu
persuader. Nous aurions fidellement representé les pour-
parles, & conferences tenuës à Paris & Fontaine-
bleau pour paruenir à la reformation des monnoyes,
pour empescher qu'il ne se puisse à iamais faire faulse monnoye, les bonnes surhaussees de leur prix, rognees ny trãsportees hors le Royaume, & ceste action iusques à ce qu'elle auroit esté terminée par sa Majesté, qui
auroit declaré les raisons des opposans côtraires à son seruice & bien de son Royaume, & pour faire apparoir de
la calomnie, represente la valeur de toutes especes qui ont
cours par les Ordonnances du Roy, & fait voir que les
especes de monnoye d'or & argent, introduictes par sa
Majesté, sont plus fortes en loy meilleures, & à iamais
plus certaines, que les anciennes, facilitant la preuue aux
plus riches & pecunieux que nous vous supplions auoir
autant agreable, comme nous desirons demeurer à iamais

MESSIEVRS.

Vostre tres-humble &
obeyssant seruiteur,
N. DE COQVERIL.

VERITABLE RAPPORT
DES CONFERENCES

tenuës à Paris & Fontaine-bleau, pour remedier aux deſordres des monnoyes, & que les
eſpeces d'or & d'argent introduictes par l'E-
dict du Roy, ſont meilleures que les anciennes monnoyes:

Enſemble la reſponce aux contre-diſans
à iceluy. Edict.

NTRE les loix Ciuiles &
Politicques celles qui en-
tretiennent les peuples en
la crainte de Dieu, vnion &
& obeiſſāce du Souuerain,
ſont les plus ſainctes, & des conſeils &
aduis propoſez au Prince: celuy eſt reço-
gneu pour le meilleur qui viſe au profit
de la choſe publicque, deffendant le peuple de charge & oppreſſion.

Pour à quoy paruenir les Roys ſe ſeruent de ceux qu'ils conſtituent en quel-

A

que magiſtrature ou dignité, rocognoiſ-
ſant que par leur prudence, ſçauoir, & ex-
perience, ils preuiendront les dommages
de leurs ſubjects & par bon conſeil de-
ſtourneront les deſſeins & entrepriſes des
ennemis de leurs Eſtats & Empires.

Si iamais ſouuerain a rendu teſmoignage d'affection & amour à ſon peuple,
c'eſt le Roy que l'on peut appeller Auguſte, ayant touſiours eu en ſinguliere re-
commandation le repos de ſes ſubiets,
n'ayant pour iceux dés la fleur de ſon aa-
ge fuy aucun trauail, s'eſtant touſiours ex-
poſé aux perilleux dangers des furieux aſ-
ſaux & combats des Eſtrangers enuieux
de ſon heritage & patrie, & trouué a plus
de batailles, rencontres & priſe de villes
par force & touſiours victorieux que les
autres Roys ſes ſemblables n'en ont leu,
teſmoin la retraicte des Reiſtres apres la
iournée d'Auncau, teſmoin la bataille de
Coutras, teſmoin l'arriuée de ſa Majeſté
en l'Iſle des lauandieres à Tours lors que
le Roy defunct retournant des proceſſiós
& prieres qu'il faiſoit pour la paix de ſon
Royaume feuſt aſſiegé dans ſa ville & les
fauxbourgs pris par ſes ennemis, leſquels
voyant les Croix & Eſcharpes blanches

vnies enfemble comme ja vainqueurs
crioient du faux-bourg, la riuiere entre
deux:Ce n'eſt a vous eſcharpes blanches a
qui nous en voulons, Teſmoins les priſes
de Vendoſme, le Mans & Falaiſe, teſmoin
les ſieges de Diepe & iournée Darques &
Yury, Teſmoing le Champ poſé pres de
Chelles, Teſmoing les priſes de S. Denis,
Pontoiſe, Chartres, Lan, Noyon, retraicte & fuitte honteuſe du Prince de Par-
me deuant Roüen, Teſmoing les redu-
ctions de Paris, œuure admirable & de
tant de Prouinces, Teſmoing les prinſes
de la Fere & Amiens, villes tres-fortes
d'aſſiette, & remiſe volontaire par l'vn des
plus grands & riches Roys du monde des
villes de Calaix, Ardes, Dourlãs, la Chap-
pelle, & le Catellet : & autres innumera-
bles villes, Chaſteaux & places fortes qui
furent lors renduës à ſa Majeſté pour aſ-
ſeurer le repos aux deſcendans du Roy
d'Eſpagne, Teſmoin l'imprenable Mont-
melian, Bourg, & toute la Breſſe, Teſmoing Sedan la forte, teſmoing ceſte petite republique de Geneue, qui apres l'aſ-
ſiſtance de Dieu qui la garde & maintient
n'a pour toute deffenſe humaine contre
trois des plus grands Monarques & Prin-

ces de la terre que la protection de sa Majesté.

La valeur duquel bon heur & bonne
conduite en la guerre, maintient non ses
Royaumes de France, de Nauarre, & souueraineté de Beard, mais l'Europe, l'Asie
& l'Affrique en repos, & la crainte que les
Roys & Princes ses voisins ont de sa valeur, maintient en paix & repos ses amis
alliez & confederez, craignant que sa Majesté ne recognoisse auoir autant de droit
au nouueau monde que ceux qui le pos-
sedent.

De tous les Roys Monarques, Empereurs & fondateurs des Republiques
depuis la creation du monde, il ne s'en
trouue aucun lequel lors de son establisse-
ment & aduenement à l'Empire, n'aye eu
plus de soin à la conseruation & augmentation des choses temporelles que de son
peuple, fors & excepté sa Majesté, ayant
la plus part des Roys, Monarques & Empereurs exercé de grandes vengeances
lors de leur aduenement pour auoir la
pluspart esté vsurpateurs des Royaumes
d'autruy, aussi n'estoient ils Peres des peuples, comme est le Roy extraict des anciens Roys de France tige de sainct Loys,

defquels il furpaffe les bontez en grace, en affection Royalle & paternelle, reputant tous les François fes Enfans, & comme tels les a embraffez accueillis & traictez, conferuant la religion, la paix, & liberté.

Depuis fon aduenement à la Couronne à l'imitation d'Augufte, il a retranché les abus des finances, augmenté le Threfor publicq qu'il peut affaillir l'Eftranger & fe deffendre de fes ennemis fans charger fon peuple.

Les motifs ou pretexte des guerres Ciuiles eftoient la religion, il les a pacifiés & reftably l'honneur que fes fubiets doiuent à Dieu action fi genereufe fainéte & profitable en vn eftat que la fermeté de la paix y a pris racine au gré de fes fubiets & des Princes eftrangers alliez ou confederez à fes Couronnes.

Il a affeuré les richeffes & biens des meilleures familles de fes Eftats, par vne benignité & bonté finguliere inaudite aux anciens Monarques, Empereurs, Roys, & Princes de la terre : & par vne leuce d'vn droiét annuel conferue la plus grande partie du bien de fes fubjeéts dont s'enfuiuerõt biés infinis à fes Royaumes.

La Iuſtice en ſera mieux renduë par
Iuges anciens & experimentez: Les Nobles s'exerceront & dreſſeront aux armes pour ſe rendre plus addroits à la
Guerre eſtrangere,les plus riches du tiers
Eſtat, voyageront hors le Royaume, ſe
remettront à la marchandiſe enrichiſſement des Royaumes pour porter aux nations eſtrangeres & leur bien vendre, ce
qui eſt abondant à la France, laquelle ils
feront foiſonner de ce que luy pourroit
manquer qui eſt peu, ſinon qu'il ſerue au
luxe. Lequel ſa Majeſté par les voyes les
plus douces & pratiquees par les bons
Empereurs Auguſte & Seuere, deſire retrancher ſans que l'on puiſſe obiecter à ſa
Majeſté, & à la Royne ſon Eſpouſe (mi-
roir & exemple de toute vertu) & à Meſſieurs ſes Enfans, & Princes de ſon Sang,
pour empeſcher l'execution de ſes Edicts
qu'ils ſoient trop pompeuſement attifez
comme eſtoit Iulia fille d'Auguſte.

Et en toutes les actions de ſa Majeſté,
il ne ſe peut qu'admirer vne finguliere
bonté viſant au bien de ſes ſubjects, n'v-
ſant d'aucune prodigalité des biens de ſa
Couronne: maintenant par honneſtes &
moderees penſions, ſa Nobleſſe & gens

de Guerre, de tous lesquels il a vn singu-
lier soin distribuant charitablement des
donatifs annuels & dons moderez aux
Estropiez, qui induira la ieunesse Fran-
çoise à s'exercer aux armes, pour plus as-
seurement & auec toute sorte d'addresse
euiter les dangers des entreprises estran-
geres à la conseruation de leurs personnes, & deffense de leur mere patrie.

Et d'autant que sa Majesté alternatiue-
ment desire mettre ordre ou il a trouué a
son aduenemét au Royaume desordre &
confusion specialement en l'or & l'argent
de ses monnoyes qui donnent le prix a
toutes choses. Premierement par Cómis-
saires enuoyez expres és Prouinces de
Languedoc, Prouáce & Dauphiné ou les
desordres estoient plus grands qu'aux autres Prouinces de son Royaume feist entendre à tous ses gouuerneurs, Parlemés,
Magistrats, Capitouls, Consuls des villes
Capitales qu'aucune monnoye n'auroit
cours que celles qui seroient aux coings
& armes des Roys de France ses prede-
cesseurs ou seroiét a l'aduenir mónoyees
de la forme, poids, prix & alloy portez par
ses ordonnances, banissant le cours, mise
& vsage de toute mónoye estrangere dót

ſes Prouinces receurent vn tel contente-
mét que le mar d'argent qui valoit quatre
vingts ſeize liures feuſt auſſi toſt reduit a
dix neuf, ſans aucune plainte, deſordre ny
confuſió, & en moins de trois ans ſes prouinces qui eſtoient réplies de Pignatelles
ſ'en trouuerent deſnuez, & partie conuer-
ties en quarts d'eſcus & autres fortes mõnoyes d'argét ayãt ſes trois prouinces, eu
ſi agreable telle reformation que depuis
n'ont tolleré le cours ou miſe des eſpeces
alterees, rognees, ou foibles de leur iuſte
poids, recognoiſſant la perte & dommage qu'ils auoiét receu pour auoir contre-
uenu aux Edicts & Ordonnances de ſa
Majeſté. Et ſeroit à deſirer que les autres
Prouinces à l'imitation de ſes trois qui
eſtoient les premieres entrees en ſes deſordres, euſſent au fait des mõnoyes imi-
té la correction & amandement qu'ils re-
ceurét. Les billonnemens, ſurhauſſemés,
tranſports, & introduction des mõnoyes
eſtrangeres tant d'or que d'argent, ne ſeroient ſi communs, & n'eſcherroit tant
d'aſſemblees pour chaſſer ſe grand trou-
ble & deſordre qui eſt dans le cœur du
Royaume.

Pourquoy ſa Majeſté curieux de l'augmentation

ſmentation & conſeruation des richeſ-
es de ſon peuple , voyant vn continuel
deſordre en ſes Royaumes au fait de ſes
monnoyes,auroit tenu pluſieurs Conſeils
ou eſtoientMeſſieurs du Parlement, Châ-
bres des Comptes,Cour des Aydes, ouy
les Preſidens & Conſeillers de ſa Cour
des mõnoyes en l'an 1602. & fait vn Ediƈt
d'augmentation du prix du marc d'or &
argent: Et de ſes monnoyes meſmes re-
ſtably le cours des eſpeces eſtrangeres auparauant interdiƈtes auec traiƈte plus
grande que de ces monnoyes, ce qui ne
ſe trouuera iamais auoir eſté pratiqué par
les anciens Roys predeceſſeurs de ſa Ma-
jeſté:croyant par tel remede guarir le mal
qui eſtoit en la confuſion & deſordre d'i-
celles.

Mais l'euenement ayant eſté tout autre,& recognoiſſant la grande perte que
ſes ſubiets receuoient & le continuel ſurhauſſement & apport des eſpeces eſtrangeres. meſmes des principautez, Empires
& Royaumes qui n'ont & ne font aucun
trafficq en ſes Royaumes ou fort petite-
ment le Turc, le Poulonnois,le Hongre,
& la Seigneurie de Veniſe ſa Majeſté deſirant en ſçauoir la cauſe derechef auroit

comme Prince tres-benin conuié tous
ſes ſubiets à luy propoſer expedians pour
remedier à ce mal, & pour ceſt effeᓑ de-
puté quatre de ſes Conſeillers d'Eſtat &
Priué Conſeil pour entendre & receuoir
les memoires & aduis que l'on pourroit
donner pour empeſcher tels deſordres
du ſurhauſſement & tranſport des bonnes & fortes mōnoyes de ſes Royaumes.

Pardeuant leſquels Commiſſaires ſe
ſeroient preſentez Guillaume Erail marchant de Montagnac pres de Pæzenas,
Villette renommee pour les bons Chap-
peaux de feutre qui s'y manufaᓑurent, lequel ſe fait ouyr bien que peu verſé ou
point du tout en la cognoiſſance des metaux & monnoyes auſſi ſe preſente Loys
de Chabans ſieur du Maine en Perigot
homme accord, & lequel par la leᓑure
des Ordonnances, ceſt aucunement rendu capable en la Theorique, mais peu
verſé en la praᓑique vſant en ſes diſcours
de viue voix, & par eſcrit de termes, &
nōms mal propres.

Le premier propoſe vne nouuelle taille
deſpeces de monnoye d'or du poids de
cinq deniers ſix grains qui auroit cours
pour huiᓑ liures & vne autre eſpece de

monnoye d'argent du poids d'vn once
six deniers qui s'expofera pour quatre liures fans parler aucunement du rendage
traicté ny droict de Seigneuriage, ny de
la quantité des deniers qui entreront au
marc, ny du tiltre de chafcune efpece d'or
ou argent, finon qu'ils feront du tiltre de
l'efcu & quart d'efcu, & ne croit pas que
tels poids font doublemens de l'efcu, &
quartement du poids de la piece de feize
fouls & moyennant ce que l'on luy permette faire frapper & monnoyer telles efpeces apportera vn grand profict au Roy
& à la France.

Car il fçait comme il dit la conduicte
du negoce, & entend le per & le numero
qui font fecrets & mifteres non commûs
ny entendus, finon par les Marchands
Billonneurs Regnicoles ou Eftrangers,
defdommagera le peuple & toute la France, & baillera au peuple trois liures douze
fouls de l'efcu fol, fept liures du doublon,
& feize fouls du quart d'efcu, & moyennant ce fera entrer aux coffres du Roy
deux millions d'efcus.

Pour telles propofitiõs qui fembloiët
plaufibles, bien que ce n'eftoit que du vët
& vn peu de fuccre pour faire manger

des poires d'angoiſſes à toute la France
& la diminuer d'vn tiers de tous ſes biens.

Meſſieurs les Commiſſaires trouuerent bon d'appeller Mõſieur Me Guillaume le Clerc, Premier Preſidẽt en la Cour
des monnoyes , homme verſé de long
temps en telle charge le conuient à ceſt
effeƈt, de ſe trouuer en leurs aſſemblées:
il ſe fait accompagner d'vn autre Preſident, & de trois Conſeillers Generaux
des monnoyes, tels qu'il les auroit choiſis
ſans en demãder l'aduis de la compagnie,
ſi trouua auſſi Me Denis Godefroy Aduocat en Parlement, & cy deuant Procu-
reur General des monnoyes, tous ſe trouuent aux iours & lieux deſignez par Meſſieurs les Commiſſaires.

Entendent les propoſitions d'Erail,
& de du Maine , pendant pluſieurs iour-
nées , & quelquefois le rapportent à la
Cour des monnoyes non pour ceſt effeƈt
aſſemblee en corps, ainſi qu'il ſe ſouloit
pratiquer en ſemblables affaires.

Rapportent l'aduis D'erail, & que du
Maine veut faire fabricquer monnoye
d'or, liee par ſes extremitez d'vn cercle
d'argent, & la monnoye d'argent pareil-
rment liee en ſes extremitez d'vn cercle

de cuiure : tellement qu'il fera impoſſible
de les rogner & que l'on luy permette en
la monnóye qui ſe fabricquera, expoſer
vnze deniers, pour douze deniers d'argent fin , & vingt-deux Karats d'or pour
vingt-quatre Karats qui eſtoit vn vnzieſme de traiƈte pour marc.

L'on faiƈt lecture des memoires d'Erail,
& n'eſt point repreſenté celuy de du Maine, l'on ne demande point les voix de la
compagnie pour reſpondre ainſi qu'il c'e-
ſtoit practiqué du temps de feu Maiſtre
Claude Fauchet premier Preſident &
hőme digne de ceſte charge, & en laquelle en ſemblables affaires il n'a iamais rien
entrepris ſans l'aduis de la compagnie.

Et lors qu'vn appellé *diuerſore* preſen-
ta ſes memoires par la Cour des monnoyes furent commis trois Conſeillers
Generaux dés leur ieuneſſe, releuez au
fait des monnoyes, leſquels par leur prudence firent entendre les deliberations
de la Cour des monnoyes contre les propoſitions de *diuerſore* qui feurent ſi agrea-
bles au Conſeil que *diuerſore* prononça le
iugement contre luy. Il en fût autant
pratiqué à Tours par la Chambre des
Comptes ou Preſidoit Monſieur le Pre-

fident Tambonneau contre les memoires de M.   Defponde & ne
partit Maiftre François Garault commis
à la charge de General des monnoyes
qu'apres l'inftruction de la Chambre te-
nant la Cour des monnoyes affemblee
pour ceft effect apres la prife de Chartres
Et recognoiffant telles formes anciennes & loüables ne fe pratiquer pour pre-
uenir vn pareil ou plusgrand mal que celuy auquel l'on eftoit tombé à l'occafion
de l'Edict de fix cens & deux nous re-
monftrons que l'on ne tient l'ordre que
l'on a accouftumé de tenir a receuoir ou
entendre les aduis que l'on donne en la
reformation neceffaire à faire au defordre des monnoyes. Et propofe que dés
long temps i'auois premedité & commu-
niqué auec perfounes fort entendus &
experimentez au fait des monnoyes, tant
Regnicoles qu'Eftrangers d'vn moyen
tref-certain pour reformer les defordres
des monnoyes, & auffi affeurément comme vn & vn font deux, & bien que i'en
cuffe fait ouuerture par l'imprimé foubs
mon nom, neantmoins ie ne m'eftois
point ouuert, pourquoy l'õ peut cognoiftre le tiltre, taille & traicté des mõnoyes

à fabriquer, & que ſi l'on auoit pour aggreable deputer nombre de la compagnie pour en prendre communication,
moyennant que l'on me recogneuſt pour
l'auteur de tel aduis en la reformation neceſſaire à faire des monnoyes, ie les reue-
lerois.

A ſi iuſte demande & qui regardoit
le bien vniuerſel du Royaume, l'on ne
fait aucune reſponce, mais quelquesiours
apres l'on promet dire & rapporter au
Roy & au Conſeil d'où viendra ceſt aduis, & me reſouuenant du paſſé, & que
l'ordre mis aux deſordres des monnoyes
de Languedoc, Prouence & Dauphiné
m'auoient engendré beaucoup d'enuie.

Le vnzieſme May ſix cens & neuf, prés
l'occaſió d'aller trouuer Meſſieurs les Có-
miſſaires deputez par ſa Majeſté pour
ouyr toutesſortes de moyens & expe-
diens pour la reformation des Monnoyes
auſquels preſente autant du premier
traicté de la reformation des monroyes,
Imprimé par permiſſion du Roy, &
le douzieſme enſuiuant eſt ordon-
né au Conſeil, que les conditions & demandes par moy faictes ſont accordées,
pourueu que ce qui ſera propoſé ſoit trou

ué iufte & raifonnable, les demandes font
que ie fois payé de ce qui m'eft deub de
mes gages, appointemens & taxations de
la reformation des defordres des monnoyes des fufdictes Prouinces, verifié en
la Chambre des Comptes, & dont ie de-
uois eftre payé dés il y a plus de quatorze
ans ainfi que de tout téps il fe fouloit faire, & fur le fonds des Boëftes.

Meffieurs les Cómiffaires me font appeller pardeuant eux, prefent Monfieur le
premier Prefident de la Cour des Monnoyes & ceux qu'il auoit choifis y eftoiét
auffi prefens Maiftre   le Begue
Aduocat general en la Cour des mónoyes,
& Maiftre Denys Godefroy, & fi trouuerent Erail & du Maine lefquels font pre-
mieremét ouys & appellé, m'eft dict que
fi iauois quelque chofe a propofer i'euffe
a le dire en peu de paroles, pour auoir les
autres efté trop longs. Aufquels feigneurs
fis refponfe que ie defirois hauffer & baif-
fer le prix de l'or & de l'argent, & laiffer le
prix des monnoyes de France de leur iufte poids au prix qu'elles eftoient, fans les
mettre a la fonte, & qu'ainfi l'auois efcript
& efgalifer les mónoyes en telle forte que
le furhauffement & tranfport des monnoyes

noyes cefferoit a l'aduenir auec vne im-
poffibilité de les falcifier & rogner, mais
que fi Meffieurs les Commiffaires auoiét
agreable la lecture de trois pages de papier que ie leur prefente, ils entendroient
qu'il ny a autre moyen a tenir pour l'enrichiffement du Royaume, en la reformation a faire des monnoyes. Meffieurs les
Commiffaires aptes l'auoir leu parlerent
enfemble & baillerent ce qui auoit efté
leu a Maiftre Iean Fauier l'vn des Confeil-
lers general des monnoyes pour en faire
fon rapport à la Cour des mõnoyes: Pourquoy derechef en prefente a chafcun de
Meffieurs les Commiffaires, autant qu'ils
eurent pour agreable, les fuppliant humblement & toute l'affiftance d'eftouffer la
memoire de ceft aduis f'ils ne le iugeoient
iufte a l'vtilité du Roy & de la patrie, &
que l'on cõmençaft par moy a chaftier &
punir les porteurs d'aduis a la foule du
peuple, finances du Roy & richeffes du
Royaume à la façon des Leucres.
Les iours enfuiuant croyãt que l'on en
deuft faire lecture à la Cour des monnoyes, Ie me trouue au Palais, & n'en eftãt
fait mention, ie prie la compagnie de me
permettre d'en faire la lecture, apres la-
C

quelle s'esleua vn bruit contraire a l'espe-
rance de plusieurs, & feirent appeller vn
Huissier, luy enioignant d'aller en la mai-
son des absens & les aduertir de se trouuer au premier iour à la Cour.

A la leuée de laquelle tous me demādēt
copie de ce que i'auois leu, à quoy ne pou
uāt satisfaire que par l'impression, apres a-
uoir requis Messieurs les Cōmissaires s'ils
auroient agreable le memoire que leur a-
uoit presenté estre imprimé, & me l'ayant
accordé est mis sur la presse & imprimé,
en presente à tous Messieurs les Presidens
& Conseillers de la Cour des monnoyes,
& a quelqu'vns de Messieurs de la Cour,
Chambre des Comptes & à Messieurs les
Aduocats & Procureurs generaux, mesme a la plus part de Nosseigneurs du Cō-
seil, & tous leurent pour agreable.

Neantmoins il fut donné arrest par la
Cour des mōnoyes, lés porte paniers sai-
sis, les tables arrestées sur l'imprimeur, &
les coppies portées à la Cour, l'Imprimeur
adiourné à comparoir en personne, cōme
si i'auois proposé cōtre les misteres sacrez
vn dommage vniuersel au Royaume, ou
mis le feu dans le Temple de Diane.

Donc aduertis Messieurs les Commis-

faires ne laiſſent de me cõmander d'aller
trouuer le Roy & ſon Cõſeil à Fontaine-
bel-eau, pour entẽdre les propoſitiõs des
autres, & ſouſtenir l'aduis par moy propoſé, auſquels aſſemblées ie remõſtre le peu
d'intelligence qu'a Erail au fait des monnoyes, & ſupplię Meſſieurs les Cõmiſſai-
res aſſemblez au logis de Monſeigneur le
Duc deSeuilly me permettre de l'interro-
gerdu prix de l'or, argent, qualité, taille &
traicte des monnoyes.

Ie faicts cõfeſſer & recognoiſtre a Erail
que ſon intentiõ & viſée ſont de faire fõ-
dre l'or & l'argẽt mõnoyé de tous les Rois
qui ont cy deuãt eſté, encores quelles ne
ſoiẽt foibles ou alterées en leur poids cõ-
tre les loix des Empereurs & ordonnáces
de France, & que c'eſtoit en vn mot enrichir les Roys & Princes eſtrangers qui
acheptent plus qu'ils ne vendent en Frãce
à la ruine des fináces du Roy & deſtrimẽt
des biens du Royaume. Qu'il conuient
peu eſtimer ce qui vient des nations eſtrã-
geres, & beaucoup ce qui croiſt en Frãce,
cõme lesviures, ſãs leſquels les amis & ennemis du Royaume ne ſçauroiẽt viure, &
feis vne diſgreſſion des biés qui ſenleuẽt
de Frãce, pour porter és nations eſtrange-

res, Eſpagne, Italie, Angleterre & Flãdres,
Circuiſsãt les aduenues & ſorties du Roy-
aumé, par leurs ports & portes, tãt d'étrée
que de ſortie par mer, eau douce, que par
les montagnes, repreſente pour exemple
contre le ſurhauſſement du prix des mõnoyes, propoſé, que ſi l'õ vẽd le ſeptier de
bled ſix liures au marché, & que le Roy
face battre monnoye du poids & loy de
l'eſcu, auquel il dõneroit cours pour quatre liures ſelõ l'eualuation d'Erail, l'Eſtrã-
ger, ſpecialement l'Eſpagnol duquel la
monnoye d'or & argent vient plus abon-
damment en France que d'ailleurs, ache-
ptant deux ſeptiers de bled à raiſon de ſix
liures le ſeptier pour payement de douze
liures, ne nous lairra de ſes manes, biens,
fruicts & richeſſes que trois piſtolets, &
que reduiſant l'eſcu ſol a trois liures, Il ſera contraint d'en laiſſer quatre & huict
ſols pour le payement de deux ſeptiers de
bled, autremẽt ceſt diminuer les richeſſes
de la France d'vn quart. Dumaine eſtoit
lors preſent, & luy propoſe les difficultez
de lier les monnoyes d'or, d'argent, & les
monnoyes d'argent, de cuiure ſans trop
grande liaiſon du moindre metail d'argẽt
auec l'or, & du cuiure auec l'argẽt, & l'im-

poſſibilité de l'vſage de ſa machine pour
rendre les pieces d'vn iuſte poids.

Il deſaduouë auoir iamais parlé de lier
la monnoye d'or, d'argent, & celle d'argét
de cuiure , & recognoiſt ſeulement auoir
propoſé l'vſage d'vne machine auec laquelle il taillera les flàcs de poids certain
& de recours. Contre laquelle machine
luy propoſé qu'vn lingot ou Royau d'or
ou d'argent paſſé au trauers d'vne fillicre
ne ſe peut couper, & qu'il euſt a en faire
eſpreuue auec ſa machine ſ'il deſire d'eſtre
creu, ou bien qu'il preigne vn rouleau de
cire molle ou ſeiche, ou vne racine ou
fruict d'eſgale groſſeur & eſpoiſſeur, & les
taillàt de pareil poids il pourra eſtre creu,
& luy repreſente que les Paticiers & Bou-
lãgers ſont cõtraints d'vſer du poids, bien
qu'ils ſoient duis a manier la matiere de
leur art par vn long vſage, ſans lequel ne
rtouucroient l'egalité du poids : Et ceux
qui adiouſtoient aucunemét foy a ceſte
propoſition ſ'arreſtoiét ſur des Chaſſis &
moules dõt l'õ vſe aux forges d'Almagne,
ou l'on fait des lames ou plaques de fer de
pareille grãdeur & eſpoiſſeur, & ainſi que
le papier, mais non de pareil poids & a telle obiection ceſte reſponſe fuſt trouuée
agreable.   C iij

En la neceſſité de la reformation des
monnoyes Dumaine, pour obuier au ro-
gnement propoſé que l'on fabrique mônoye en forme de medales auec vn relief
gerſé & friſé à l'entour par ſes extremitez
a l'imitation des pieds fors, & que le Roy
faſſe expoſer vnze deniers d'argent pour
douze deniers d'argent fin, & vingt deux
Karats d'or pour vingt quatre, qui eſtoit
impoſer de traicte ſur marc d'argent quarante ſouls, & pour marc d'or vingt quatre liures qui eſt vn cinquieſme de plus
que la traicte douzieſme ſur le fin de l'œu
ure, & moyennant ce rendra au peuple
ſoixante & douze ſouls de l'eſcu ſol ſept
liures du doublon, & le prix de toute eſpece d'argent leger ou rogné que l'on ſera tenu porter dans certain temps aux
lieux & bureaux qui ſeroient eſtablis.

Ie contredits à tel ſurhauſſement & à
la forme qu'il propoſe, & luy ſouſtiés que
Medale differe de la monnoye, d'autant
que la monnoye eſt faite par la ſeule ordonnance du ſouuerain, & non pas la medale. Que la mônoye à ſon prix, poids &
alloy terminés, & que la medale ſe fait par
plaiſir & indifferément, auec & ſans permiſſion du Prince & de loy incertaine

qu'elle s'achepte & vend comme mar-
chādife & pour eftre rare & piece de plaifir que l'Empereur Aurelian feift vn re-
glemēt a part de fes monnoyes, & vn autres des medales & ouurages des particuliers que la medale releuee comme il propofe n'eft vfuele ny propre pour côpter,
& que la medale fe moule piece à piece
pour rendre le reuers de la tefte ainfi rele-
ué comme fe voyent les medales, & que
la medale de relief ne rend vn fon propre
pour cognoiftre fa bonté ainfi qu'il faut
que rende la monnoye d'or & argent, &
que la monnoye plus elle eft grauee flou
& moins empraincte, elle eft moins imi-
table par le faumonnoyeur ou mouleur,
ainfi qu'eft la monnoye de la deffuncte
Royne Elizabeth d'Angleterre.

Qu'en vn Eftat paifible & riche comme eft le Royaume de Frãce, l'on ne doit
iamais augmenter le prix de l'or & argent
& que furhauffer le prix du marc d'or &
argent eftvn appauuriffement d'vn Eftat,
& que fi l'on pouuoit reduire le fin de l'or
à fa valeur d'argent, ce feroit reuenir à la
forte monnoye d'argent, non ceft imaginaire qui n'eft que cuiure & du vent que
l'eualuation du prix de l'or que ie propofe

n'eſt point vn ſurhauſſement, mais vne
maniere deſgaliſer l'or ſelon ſon fin pour
le payement de la valeur duquel à preſent
en douze marcs d'argent, l'on meſle ſix
deniers de cuiure qui poiſent quatre onces de cuiure qui pourroient valoir cinq
ſols, & s'expoſent pour dix liures & plus,
& n'y a autre ſubiet du ſurhauſſement des
eſcus & bonnes monnoyes d'or que celuy la qui accroiſt & accroiſtra touſiours
dauantage par l'vſage des remedes & tollerance de l'expoſition des monnoyes
eſtrangeres, deſquelles le fin & poids ſont
ſubiets à changement ſelon que les Princes qui les font fabriquer ſont riches ou
pauures.

Ie luy deſigne ſa perte receuant l'or &
l'argent leger à ce prix, & qu'il conuie les
rogneurs à s'exercer en leur art qu'eſtant
ſurhauſſé le prix de l'or & de l'argent, à
raiſon de ſa demande, l'eſcu ſol & toute la
monnoye de France ſeront fonduës &
en cela venoit à l'opinion d'Erail pour
fondre toutes les monnoyes d'or & d'argent, deſquelles la matiere vaudroit beaucoup dauantage que le prix courant, &
eurent Meſſieurs les Commiſſaires en la
maiſon de Monſieur le Duc de Seuilly,
ou

ou ils eſtoient aſſemblez fort aggreable
telle replique.

Dicts outre côtre l'vſage de la machine
propoſee par du Maine me reſouuenit d'a-
uoir autresfois fait le proces à vn Serru-
rier de Villedieu en Normandie, & à vn
marchâd de Bretagne, faulx mōnoyeurs
leſquels diſoiét s'eſtre imaginez pouuoir
tailler auec vn couppouer & marquer
tout enſemble, mais n'y auoir iamais peu
paruenir.

Et adiouſte qu'il y auoit vn tel deſordre aux monnoyes, que qui debuoit vn
marc d'or de ſoixante & douze eſcus &
demy & le payoit à raiſon de ſoixante &
cinq ſouls l'eſcu en douzains vieux eſtoit
quitte & ne croioit le creancier auoir plus
receu que ſa debte, & neantmoins luy
eſtoit payé douze à treize eſcus de plus, &
que qui payoit le meſme marc d'or en
douzains nouueaux & des derniers faits
eſtoit vrayement quitte, & neantmoins
n'auoit payé a dix eſcus pres ce qu'il deuoit. Pourquoy il conuenoit exactement
& diligemment proportionner les metaux tailler les monnoyes d'vn poids eſ-
gal & ne alloier vn metail plus que l'autre
d'empirance, à ce que ſuiuant la nature

D

qui produict douze fois plus d'argent que
d'or le denier d'or feut payé de douze deniers d'argent en pareil degré de bonté.

Que quatre quarts d'efcu & vn douzain trois pieces de vingt & vn fouls quatre deniers quatre teftons, & trois fouls
foixante & cinq fouls de douzains, & vn
piftolet d'Efpagne & deux fouls ne payét
l'efcu fol du poids de deux deniers quinze grains & que de la prouenoit le furhauffemét des monnoyes d'or de France.

Et d'autant que la traitte braffage
droit de Seigneuriage efcharceté de loy
& foiblage de poids fur chacun marc d'argent en monnoye reuiennent & appro-
chent à vn douziefme de leur matiere foit
en or ou argent en œuure qui caufent au
deffaut de les rendre droits de poids &
loy le triage & tranfport des bonnes &
fortes monnoyes pour delaiffer les moindres & foibles d'argent, & qu'il y a encore grande difparité de la valeur des monnoyes de billó à celles d'argent, ainfi que
de celles d'argent à l'or, & que pour euiter
le fubiet de triage il conuenoit charger
l'œuure foit d'or ou argent d'vn douziefme du fin de la matiere fur marc, & que les
monnoyes qui feroient faictes à l'aduenir

ſous le bon plaiſir du Roy fuſſent mon-
noyez au moulin pour les rédre vnie-fo r-
me non ſubiecte à d'eſadueu,&de ne pouuoir eſtre rognees ſans le recognoiſtre &
ſous le nom de henricque d'or & de henricque d'argent.

Leſquelles eſpeces ſeroient meilleures
& plus certaines en leur bonté que les
mõnoyes fabriquees depuis l'an mil cinq
cens ſoixãte&quinze que furét introduites les pieces de vingt ſols quinze ſouls &
leurs diminutions pour n'auoir eſté en la
taille d'icelles , le marc entier employé
tant en Or que Argent contre l'ancien
vſage.

Adiouſtant que l'cualuation faicte en
l'an 1602. des vieux eſcus eſtoit auec traitte approchante d'vn douzieſme,à ſçauoir
treize liures dix-huict ſols huict deniers,
cinq ſixieſme de denier, la matiere deſquels ne vaut que deux cens trente-cinq
liures treize ſols trois deniers,vn ſixieſme
de denier , & à raiſon de ſoixante & dix-
huict ſols l'eſcu vieil, le marc vaut deux
cens quarante & neuf liures douze ſols,
ni ayant point d'Or à ce prix,& ne vaut la
matiere du vieil eſcu, que ſoixante treize
ſols huict deniers deux tiers de denier.

Quand au tiltre que les monnoyes
d'Or & Argent doiuent tenir, & le prix
pour lequel elles doiuent estre exposees
ny leur forme, ne sont terminez par moy
comme actes dependant de la seule authorité du Roy: mais par vn souhait d'vn
bon François amateur de sa patrie, ie desire l'Or des escus ou autre espece de mô-
noyé à fabriquer, demeurer à vingt-trois
Karats, & hausser le tiltre de l'Argent à
ynze deniers douze grains, ainsi qu'es-
stoient les anciens gros & testons, lesquels
pied à pied furent reduits à dix deniers
seize grains, & pour les remplir d'autant
de cuiure.

Neantmoins estant appellé, Monsieur
le premier President des monnoyes &
ceux desquels il s'estoit fait assister au Cô-
seil à Fontaine-belleau ou il m'auoit aussi
esté commandé de m'y trouuer, & a du
Maine entrez. Monsieur le premier President des mônoyes ne voulut parler, di-
sant nö le pouuoit & deuoit, ou assistoient
des Partisans, & introduit vn Accesseur
Maistre Denys Godefroy, nonobstant
que Maistre   le Begue Aduocat
general fust là present, neantmoins ledict
Godefroy au lieu de dire l'aduis ou charg-

ge qu'il auoit, me nommant dict que ie
procutois la refonte vniuerfelle de toutes
les monnoyes de France, & que contre le
ferment que i'auois fait. Ie dōnois auis au
Roy d'empirer les monnoyes, & que i'a-
uois a faire d'argent & difcourant à fon
plaifir, ne feuft interrompu, mais ayant finy ie fupplie humblement Meffieurs du
Confeil qu'il me feuft permis de luy repliquer ce qu'ils m'accorderent benignement, & en vn mot les fupplie de confide-
rer la calomnie qui m'eftoit faicte, m'ac-
cufant d'auoir pourfuiuy la refonte des
bonnes & fortes monnoyes , & que ie
pourfuiuois l'afoibliffemēt de l'or & l'argent, & defirant faire apparoir du contraire par tous Nofſeigneurs du Confeil,
vnanimement feuft recogneu que i'eftois
d'aduis contraire & toufiours deffendu &
fouftenu pour la forte monnoye, & eualué l'argent moins qu'il n'eft eftimé par
l'ordonnance fix cens deux, & qu'il eftoit
tref-neceffaire de hauffer le tiltre de la
monnoye d'argent, & qu'il feuft à 10. deniers 12. grains, & finiffant Monfeigneur
le Duc de Seuilly & Mōfeigneur le Chā-
cellier propoferent à Meffieurs des monnoyes qu'il y auoit bonne compagnie

pour entendre ce qui estoit du bien & ſeruice du Roy & du Royaume, & voyant
que l'on ne reſpondoit, le Conſeil ſe leua.

Le iour enſuiuant Meſſieurs les Commiſſaires derechef s'aſſemblét en la Chãbre du Conſeil & appellent Meſſieurs des
monnoyes, du Maine & moy en telle aſ-
ſemblée ſeurent faictes pluſieurs demandes ſur la neceſſité de la reformation des
monnoyes, & demeurent d'accord Meſſieurs des mõnoyes que l'or n'eſtoit payé
en France ny eualué ſa valeur qu'en vne
Monarchie bien policée ny doit auoir
different tiltre de monnoye, que toutes
eſpeces eſtrangeres y doiuent eſtre introduictes, & ny doit auoir cours que celles
du Prince, ſans tollerer l'eſpece legere ou
rognée, & qu'il ſeroit bon d'entretenir
l'Edict de ſix cens deux, auſquels fis reſponce que les eſtrangers n'eſtoiét ſubiets
aux loix de France, & qu'il n'y a des Principautez & Seigneuries qui circuiſſent la
France que les Roys d'Eſpagne & Angleterre qui ne changent point le pied, ſoit au
poids ou en la loy de leur monnoye pour
l'enrichir par la liaiſon du cuiure: Et quece
que le Roy d'Angleterre auoit par vn pied
nouueau diminué le tiltre de l'or de ſa mõ

noye, c'estoit par vne cõsideration d'estat
pour l'egaliser a l'argent a l'imitation du
Roy d'Espagne qui est cõme le chef des
Tresors de la terre, & se digerét par l'estomach de la France, comme les viandes
en l'estomach, qui les enuoye aux autres
Regions de la terre, & comme les bonnes
nourritures enuoyees aux parties du
corps, fortifient tous les membres, ainsi
l'or & argent venant des mines d'Espagne, enrichissoient la France & les François, par leur industrie souloient anciennement le purifier, comme aussi les An-
glois lesquels plus longuement ont en-
tretenu la pureté & integrité de la matiere d'or, que les autres republiques : mais
distribuez par les petites seigneuries sont
alterees & diminuees, & que pour auoir
la bulette du passage ou attestation de la
santé c'est à dire bonté : Aucune mõnoye
d'or ou argent ne doit auoir cours en vn
estat bien policé & reglé, sinon ayant la
marque du Souuerain, & ny a en Espagne
autre monnoye qui aye cours que celle
que porte la marque de son Roy, tesmoi-
gnage certain, de l'amour affection &
obeyssance que les Espagnols rendent à
leur seigneur : Et en Angleterre sont tol-

lerres les monnoyes de France & d'Eſpagne, à raiſon du fin quelles tiennent
ſur l'aſſeurance que le Roy d'Angleterre
& d'Eſcoſſe a que les deux Rois ſont trop
genereux, pour alterer leurs monnoyes,
l'vn pour ne le pouuoir faire ſans danger
de famine, & l'autre pour ne receuoir perte à la vente des viures & biens qui croiſ-
ſent en ſes Royaumes, ſans leſquels ſes
voiſins ne ſçauroient viure.

Vrayes & principales mines meilleures, plus riches & certaines que les mines
d'or & argent de tout l'vniuers, par la raiſon & teſmoignage d'Agippa Roy des
Iuifs.

A ceſte replique à laquelle du Maine
adheroit excepté pour la forme & pour la
traitte, il luy fut aſſez megrement reſpõ-
du bien que il y auoit pareille raiſon de
ne point reſpondre comme au iour pre-
cedent: mais comme en mauuais chenun
il y a touſiours eſperance d'en ſortir:
vn de Meſſieurs des Monnoyes dict le
Roy d'Eſpagne & le Roy d'Angleterre
trauaillent a vingt deux Karatz en or & a
vnze deniers en argent, mais la proportiõ douzieſme n'y eſt pas entiere, & pour
vſer de ſes termeie ne ſçay dict-il, ie ne
ſçay

çay si leur or & argent se trouuént touſiours à ce tiltre auquel fut reparati qu'il ſe
trouuoit plus grande quantité d'or & argent monnoyé ſur le fort en Eſpagne que
foible en poix ou Eſchars en loy, & que
s'il ſe trouue par les deniers courans quelques eſpeces d'Eſpagne alloyee ſur le foible cela doit prouenir par la malice des
Maiſtres des monnoyes, ainſi comme il
s'en eſt trouué en France: Mais que la loy
d'Eſpagne à touſiours eſté ſur le fort en
poids & en loy, & que anciennement
l'on trauailloit en France, ſur le fort non
ſur le foible, comme l'on faiſt. Et deſirant
m'eſtendre ſur la diueſité des poids d'Eſpagne, ainſi comme il y auoit entre les
Iuifs le poids commun & vſuel entre les
marchands, & le poids du tabernacle, &
qu'il y a vn poids en Eſpagne du rendage
de la matiere au porteur & vn pour la
Taille qui eſt ſecret & muable ſelon le
changement de la loy & pied des monnoyes: ie fus interrompu par Meſſieurs les
Commiſſaires & ſ'adreſſant à Meſſieurs
des monnoyes leur dirent vous auez ouy
les aduis & propoſitions des autres, &
demeurez d'accord du déſordre confuſion ſur hauſſement & tranſport des bon-

E

nes & fortes monnoyes & grande expofition d'efpeces eftrangeres, & defe-
ctueufes,&qu'il y côuient pouruoir,Mais
vous ne donnez point de moyen pour remedier à fes defordres.Meffieurs du Confeil n'affectionnent les propofitions de
du Maine ou de Coquerel,& ne rappor-
terons au Confeil que fçachant le defordre des monnoyes vous ne fçachiez le
remede pourquoy vous trouuerez tous
demain au Confeil & vous mefme decla-
rez ne le pouuoir ou vouloir faire.

Au l'endemain Monfieur le premier
Prefident & fa compagnie fe trouuent en
vne grande & folemnelle affemblee du
Confeil, Monfieur le Duc de Seuilly &
Monfieur le Chancelier firent des demãdes fort familieres du prix du fin du marc
d'argent en œuure de quarts d'efcus du
prix de l'œuure : aufquelles demãdes n'e-
ftant fatisfaict Par Meffieurs du Confeil,
leur fuft enioinct de mettre par efcript la
refponce des demandes qui leur auoient
efté faictes.Ie fuis appellé & interrogé fur
pareilles demandes, dicts qu'en l'œuure
de quarts d'efcu dãs les remedes de poids
il y a vingt liures fix fouls quatre deniers,
quatre cinquiefme de denier dans lef-

quels il y a dix den. 22. grains de fin qui valent dixneuf liures trois fouls : auffi toft
Meffieurs du Confeil font rentrer Meffieurs des monnoyes & leur commandét
de fe trouuer apres midy au Confeilr.

Monfieur le Duc de Seuilly amateur de
l'augmétatió des finãces du Roy, & enrichiffement du Royaume & ennemy de
l'vfage des Paraboles & difcours couuerts
degnimes ou vouellez d'obfcurité; apres
la leuee du Confeil rapporte à fa Majefté,
les propofitions faictes en fon Confeil
pour la reformation des defordres des
monnoyes , & pour les contrarietez fa
Majefté delibere de fi trouuer comme il
fift le iour enfuiuant, & y fift appeller
Monfeigneur le Dauphin luy difãt mon
fils nous trauaillons icy pour vous.

Les propofitiõs & aduis furét tres-digne-
mét & fidellement rapportees par Monfieur Arnault, les cõcordances & contrarietez d'entre les propofans, & Meffieurs
des mõnoyes ; Monfieur le premier Prefident des monnoyes & Me Denis Godefroy fõt ouys & interrogez par le Roy,
Mõfeigneur le Chãcellier & Mõfeigneur
le Duc de Seuilly & interpellez plufieurs
fois de dire les raifons qu'ils auoient à

propofer contre la proportion douziefme,&la traicte douzielme de l'œuure,par
leurs reſplicques ſont recognoiftre que
vne mauuaiſe cauſeeſt tres difficille a defendre,ſpecjallement deuant ſon Roy,
Image de Dieu, deuant lequel la verité
prefide.

Guillaume Erail qui c'eſtoit bien pre-
paré pour defendre le bien du Royaume
& du peuple mettant le marc d'or à deux
cens quatre vingt huiſt liures, & le marc
d'argent à vingt-quatre liures, ſe preſente, & dict vne harangue premeditee, &
remplie de fleurettes,& manieres de bien
dire Françoiſes,& dont ſa Majeſté receut
beaucoup de plaiſir,ayant chacun des aſ-
ſiſtans qui eſtoient preſens aſſez affaire à
ſe tenir de rire, & puis dire que fus contraint faire ce qui eſt rapporté par Dion
Caſſius de Niſſee pour m'en garder.

Sa Majeſté ſeiſt audiſt Erail de petites
demandes d'où il eſtoit, ſi ſon liure eſtoit
bien long, & où il auoit ſi bien appris le
faiſt des metaux monnoyes, & ayant finy
produiſt quelques papiers du Maine
mieux in bruict, reparriſt dignement à
Erail que s'il eſtoit vray que lediſt du
Maine euſt pris ſes memoirs, & que ce
qu'il diſoit n'eſtoit le remede au deſor-

dre des monnoyes à regler, Il auoit dict
vray d'autant que ce que ledit Erail auoit
dict, & proposé estoit dommageable au
Roy & au Royaume, apres lesquels Me.
Denis Godeffroy commença a parler,
mais au lieu de satisfaire & respondre à
ce donc sa Majesté desiroit estre bien in-
formé, à sçauoir des raisons pour empescher la proportion douziesme de l'or à
l'arget, & la de traicte douziesme en l'œuure de rechef propose que ie voulois affoiblir pourquoy n'ayant encores parlé
deuant sa Majesté ie supplie humblemēt
le Roy de me permettre de repliquer ce
que m'estant permis, & mesmement des
nommé & monstré par Messeigneurs le
Chancelier & le Duc de Sueilly.

Ie suis benignement entendu par sa
Majesté, & tous Messeigneurs du Conseil
& humblement represente *Que le faict
de monnoye est vn droict Royal* & marque
de toute souueraineté dont les anciens
Roys s'estoient tellement rendus ialoux
qu'entre les cas Royaux, le crime de fau-
se monnoye est reputé pour entreprise
sur la Majesté Royale, dont la peine est la
mort & confiscation de biens que Da-
rius Roy de Perse, pour auoir Ariender

ſon Gouuerneur en Egipte, faict battre
monnoye d'argent à la forme des Daric-
ques d'or fut condamné à la mort, que
Comodus pour pareil ſubject auoit faict
trencher la teſte à ſon mignon Perennius
que l'Empereur Frederic dict Barberouf-
ſe auoit reuoqué tous les priuileges que
les Princes d'Almagne s'eſtoient attri-
buez à l'occaſion des guerres ciuilles, de
faire frapper, & battre monnoye en leurs
eſtats, que Leonce Lieutenant General
de l'armee de Iuſtinian auoit rompu le
traicté de paix faict auec les Arrabes ſous
pretexte que la monnoye dont ils pay-
oiēt le tribut annuel n'eſtoit marquee à
la façon de la monnoye Romaine, eſtant
interdit l'vſage de la monnoye d'or por-
tant autre marque que de l'Empereur.
Qu'en l'an mil quatre cens ſoixante quatre pour auoir par le Duc de Bretaigne
eſté frappé monuoye d'or à ſon image
au preiudice des traictez faicts entre
Louys deuxieſme, & le Duc de Bretaigne à cauſe Dalix ſa femme en l'an mil
deux cens trente & vn, qui eſtoit deux
cens trente trois ans, apres par lequel il
luy eſtoit ſeulement permis frapper mõnoye blanche & noire, il fuſt diſgracié
du Roy.

Qu'il n'y auoit rien plus notoire que la perte que la Majefté & fes fubjects reçoiuent en la tollerance de l'expofition des efpeces eftrangeres, qui n'auoient iamais eu cours en France que par prouifion iufques en l'an fix cens deux, & auec traicte plus auantageufe que celle que fa Majefté leue fur fes monnoyes, ny ayant aucune raifon que les François fes fubjets payent la façon de l'abillement du Roy d'Efpagne & de fes monnoyes, & que l'vnique & feul remede pour garantir le Royaume de perte, eftoit interdire de tout cours, & mife l'efpece eftrangere tant d'or que d'argent, & la monnoye de France legere & rongnee, chaffer l'vfage du billon, & trauailler au fin : de marquer la mõnoye au moulin ainfi que l'on faict les doubles de cuiure.

L'argent payé par l'or en proportion douziefme, & l'or, l'argẽt, tellemẽt qu'vn denier d'or foit payé de douze deniers d'argent tant en matiere qu'en œuure ainfi qu'auroit fait le bon Empereur Traian, & Philippe cinquiefme furnõmé le Long, & que la traicte douziefme eft approchante à ce qui eft appelé droict de feigneuriage qui eft vn droict ordinaire

& a l'escharceté, & foiblage de poids qui
est vn autre droict extraordinaire, lesquels deux droicts ioincts ensemble ap-
prochent de la traitte douziesme.

Que le marc entier du fin ne se trouue
en la taille des mõnoyes de Franc, tant
d'or que d'argenr, & qu'il conuient souz
le bon plaisir du Roy : Tailler le marc
d'or & argent ou deniers de poids el-
gal, & y employer entierement le fin,
& pour cest effect trauailler sur le fort
à la piece & au marc tant au poids qu'en
la loy, que les Roys d'Espagne & d'Angleterre pour l'enrichissement de leurs
Royaumes en ont ainsi vsé, le Roy d'Es-
pagné des lõgues années, & le Roy d'Angleterre restntement & que du temps du
Roy François, le marc estoit entieremét
employé en la taille des vieux escus du
poids de trois deniers, q ui sont soixante
& quatre gros qui font le marc entier, &
auparauant en la taille des gros de trois
sols qui estoient deux den. seize grains, &
iusques a tel ordre les Maistres particuliers des mõnoyes aurõt subiet de trauail
ler sur le foible, que Messieurs des monnoyes ne sçauroient empescher quelque
soin, diligence ou vigilance qu'ils puissét
apporter en leurs charges & qu'il seroit

bon & profitable au Roy : bailler les mõnoyes a forfaict pour induire les maiftres
des mõnoyes a extorquer ou mandier les
matieres de toutes pars, lefqlles ne leurs
fçauroient iamais mãquer, n'admettãt le
cours, & expofitions des efpeces eftrangeres ny celles du Royaume legeres &
rognees, & n'ufer iamais de billon.

A quoy fuft par Meffieurs des monnoyes tumultuerement refpondu, & que
tous les ouurages ne fe trouuoient dans
les remedes du poids & loy, & n'eftant fa
Majefté fatisfaict par les contredifans la
proportion douziefme dict qu'il eftoit
bon de reformer le luxe & apporter quelque temperamment a l'expofition du
doublon a fept liures, & quelque remede
pour les pieces legeres à caufe de leur
vielleffe que le temps pouuoit auoir a
foiblies, & que tollerant d'auantage l'expofition des efpeces rõgnees ou alterees
de leurs poids, c'eftoit entretenir les rõ-
gneurs, & fe leuãt fa Majefté recõmãde à
Noffeigneurs du Confeil d'apporter vn
tel reiglemẽt au defordre des mõnoyes,
que fon peuple & fon Royaume foit tellemẽt garenty de perte qu'en la vente des
fruicts, induftrie des François fes fubiets,

F

doreſnauant puiſſe eſtre bien payez en
beaucoup de bon or, & d'auantage de
bon argent, & que pour l'enrichiſſement
du General & particulier de ſes ſubſects
il conuenoit retrancher le trop commun
vſage des parrures, Diamans & perles, &
apporter quelque diſtinctiõ a l'excez des
veſtemens de ſoye manufacturez és païs
eſtrangers, & pour plus promptement y
pouruoir remettoit vn grand droct de
douane qu'il leue tous les ans ſur les ma-
nufactures eſtrangeres qui entrent dans
ſes Royaumes, & peu de temps apres ſe
leua le Conſeil, & ne feurent bien receuz
les augmentations du prix d'or & argent
de Erail, & du maiſtre de la monnoye de
Paris appelé Iean de la Tanne, lequel ap-
prouuoit lors la proportion douzieſme
en matiere, & en œuure, & duquel l'aduis
en ſon exceſſiue augmentation du prix
de l'or & de l'argent, fuſt auſſi toſt reietté
que preſenté.

Meſſieurs des monnoyes Licentiez &
congediez apres auoir eſté recogneu par
ſa Majeſté qu'à la piece & au marc de ſes
monnoyes n'entroit le fin tant d'or que
d'argent qui y doibt eſtre que l'or n'eſt
eualué ſon prix ſelon la bonté naturelle

qui cauſe le ſurhauſſement des mõnoyes
de ſes Royaumes, & que l'eſpece eſtrangere eſt ſubiecte a changement ſelon l'a-
bondance des biés ou neceſſité des Princes qui les font fabriquer, que les Roys
d'Eſpagne & Angleterre pour l'abus introduit par les billonneurs en leurs monnoyes en ont ainſi vſé, & plus recentemẽt
le Roy d'Angleterre qui ſouloit faire battre monnoye d'or fin, leſquelles ne ſer-
uoient que de matiere aux billõneurs regnicoles ou eſtrangers, pour eſtre tranſ-
porté & conuerti en monnoye des prin-
cipautés & ſeigneuries voiſines de l'Angleterre, & que rarement ſe mõnoyojent
eſpeces d'or à ſes coings & armes.

Ordõnne qu'il ſera fait & fabriqué mõnoye d'or eſgale en bonté à la monnoye
d'argent, tellement que le marc d'or ſera
payé de douze marcs d'argent en pareil
degré de bonté, tollerant à perpetuité le
cours & expoſition de l'eſcu ſol & autre
monnoye d'argent cy deuant fabriquées
de leur iuſte poids, meſmement ſa Majeſté y adiouſte par vne bonté & benignité
ſinguliere vn remede treſgrand au poids,
n'ayant voulu accepter les treſgrãdes of-
fres de Erail & de du Maine, propoſans

vn defmefuré aduantage , leur permettāt
mettre a la fonte toutes les fortes monnoyes auffi bien que les foibles.

Sa Majefté par iceluy Edict continuë
le prix du marc d'argent fin fur le dernier
prix de vingt & vne liure trois fols: & ega-
lizant le prix du marc d'or felon fa bonté
naturelle, & proportion douzieme le fait
valoir douze fois autant , qui eft deux
cens cinquāte trois liures feize fols, & or-
dōne que dorefnauāt feront fabriquées
mōnoyes d'or de loy à 22. Karats & d'argent a vnze deniers, fur le fort en poids
& loy, pour payer l'or par l'argent, & l'argēt par l'or, affauoir liures d'or de 3. liures
6. liures, & 12. liures, qui ferōt payée en ef-
pees de 20. fols, 10. fols, & 5. fols, pareilles
en poids & loy par proportiō douziefme
& traicte douzieme, nō du fin, & telle que
le furhauffement des monnoyes indubi-
tablemēt ceffera de la monnoye de Frā-
ce, bāniffant l'vfage des remedes & poids
& loy, & au cōtraire ainfi que l'on fouloit
faire auant le regne du Roy François, & de
fon temps auffi l'on trauailloit fur le fort.

De telle deliberatiō, les cōtredifans irri-
tez voyant leurs oppofitions au bien du
public & enrichiffement du Royaume

n'auoir esté suiuie, & que sa Majesté les a
declarées inciuiles contraires au bien de
son seruice & de ses subiects.

Et soubs pretexte que cet Edict est enuoyé au temps des vaquations au Parlement de Paris, Abregé des Estats de la
France, lequel pour raison des vaccatiõs
a differé la verification, pour lequel differer les billonneurs, rongneurs & estran-
gers prennent subiect de nous calomnier
diuersemẽt, s'aydãt de toutes sortes d'ar-
tifices, redoutent neantmoins que nous
soyons entendus en leur presence au Parlement ainsi que plusieurs fois nous auõs
esté ouys au Conseil, & renuersé les nua-
ges & ombres qu'ils apportoiẽt pour dõ-
ner couleur au desguisement du fait des
monnoyes qu'ils rẽdent si obscur, que les
plus sçauans & experimentez croyoient
estre misteres diuins & incomprehẽsible
secrets sacrez & non communiquables,
bien que ceste science soit tellement facile & intelligible qu'en la nuict parmy
les tenebres & sans clarté quelque mots
& noms ambigus expliques, & entendus
vn enfant de dix à douze ans cognoistra
la bonté des monnoyes fabriquees au
moulin par le seul attouchement, ruy-

nant & deſtruiſant l'art des fauxmon-
noyeurs, Billonneurs, Laueurs, & Rogneurs par augmentation des richeſſes
du Royaume, chaſſant par l'execution de
ceſt Edict l'vſage du Cuiure que l'on veut
entretenir ſous ſes mots de remede, &
trebuchant de ſoixante grains, ou quatre
ſuffiſent au marc, & à la piece meſdiſan-
ces, auſquelles pour reſponce ſuffiroit ce
qui fut dict à Caligula, demandant à Vi-
telius s'il ne voyoit point la Lune cou-
chee entre ſes bras, il n'eſt reſpondit-il ô
Seigneur permis qu'à vous autres dieux
de vous voir l'vn l'autre, auſſi n'appartiẽt-
il que aux aliez de Maiſtre Guillaume
prendre conſeil de la Lune pour conti-
nuer la vente du Cuiure pour or, & argent en France, aux calomnies duquel
faulſetés, & impudences nous differe-
rions de reſpõdre n'eſtoit le dire du ſage.
Qui ne reſpond au fol, il continuë en
ſa folie: & recognoiſſãt que cõme le fard
repreſente faulſement la beauté, ainſi la
calomnie & le menſonge ſouuent ſe met-
tent au lieu & place de la verité qui à ſouuent ẽ ſoi reuers comme la vertu l'enuie, neãtmoins ce ne ſera point auecques
iniures, recognoiſſant que l'iniurieux &

calomniateur, quelque debit & estalage qu'il face de sa marchandise, elle luy retourne à tousiours, & que se sont armes & defenses communes de ceux qui n'ont la raison de leur costé.

L'on introduict Maistre Thomas Turquant, homme en son temps fort versé au faict des monnoyes, & lequel par ses escrits a faict paroistre le contraire de ce qu'on luy faict dire mort en l'honneur & memoire duquel l'Autheur debuoit mettre son nom, neantmoins sa meche est descouuerte & n'est sans cocompositeurs aussi peu entendus en la praticque des monnoyes que l'autheur: il y a du mecanicque a faire la monnoye, & beaucoup de personnes en parlent lesquels y entendent peu non plus que les contredisans à l'Edict.

Responce au Libelle proposé contre l'aduis presenté au Roy.

Turquant en la page 16. & 17.

La traitte sur le marc d'argent par l'Edict de l'an 1577. est de quinze souls six deniers par le mesme Edict, la traitte fust mise sur le marc d'or de cinq liures trois souls.

Refponce.

Le Maçon qui baftit fur vn mauuais fondement auance peu & n'a l'honneur de veoir fon baftiment parfaict, d'autant qu'il tõbe & va toft en ruine & eft a croire que l'autheur de la fuitte des rencontres, & fes cocõpofiteurs font fort peu experts en la leage prix taille & traitte des monnoyes, d'autant que M. Thomas Turquant euft dict, la traitte du marc d'argent en œuure des pieces de quinze fouls eftoit de quartorze fols fix den. quatre vnziefme de denier, & la traitte du marc d'or en efcus au foleil de quatre liures 15. fols pour marc & nõ pas de cinq liures trois fouls, comme n'eftant introduictes telles traictes que depuis l'Edict de fix cens deux, & ainfi l'on voit la calomnie & le menfonge fe mettre en la place de veritè & les auroit renuoyé aux bauois & regiftres de la Cour des monnoyes, pour fe changer, la traitte prix & taille lors d'vn pied nouueau.

Ie defire excufer cefte faute & la remettre fur les cocompofiteurs, & croire que Mᵉ Thomas Turquant aye entendu parler de la traitte portee par l'Edict de 602.

\ 602. par lequel la traitte des quarts d'eſcus en œuure eſt de quinze ſols ſix deniers, & du marc des eſcus de cinq liures
trois ſols, il n'y a donc point de difficulté
que la façon du marc de quarts d'eſcus,
couſte au Roy & à ſon peuple quinze ſols
ſix deniers

———— *& eſt appellé droict Ordinaire.*

Turquant. pag. id.

Eſcharceté de loy & foiblage de poids
ſont d'vne autre nature, d'autant que ç'à
eſté vn priuilege accordé aux Maiſtres
par ce qu'ils ne peuuent allier les matieres preciſément à vnze deniers.

Reſponce.

En la page quinze, les remedes de poids
& loy nommez en toutes les conferences & aduis preſentez par eſcrit, droict
extraordinaire, eſt auoir calomnié tous
ceux qui auoiét dreſſé l'Edict la l'an 1577.
& neantmoins Me Thomas Turquant le
qualifie droict d'vne autre nature que le
ſeigneuriage. Et ainſi l'on recognoiſt le
peu d'experiéce de c'eſt auteur & pour en
faire apparoir & deſcouurir ſon artifice.
Il conuient apprendre que ceſt que re-

G

mede, à sçauoir mesler vn denier, huict grains de cuiure, qui peuuent valloir vn demy denier tournois dans vn marc d'argent, & les vendre au peuple trois sols.

Et le remede d'vn quart de Karat est mesler deux deniers de cuiure dans vn marc d'or, qui peuuent valoir moins que vn denier tournois, & le vendre au peuple suiuant l'eualuation de l'an 602. cinquante sols vn denier, & selon l'Edict dernier, cinquãte deux sols dix deniers, sans qu'il en reuienne aucun profit au Roy, du moins si petit qu'il n'en faut tenir aucun compte.

Et ses remedes feurent introduicts artificiellement pour accroistre le fond des finances du Roy incogneu à nos Peres, neantmoins il est à croire que ceux qui l'establirent le firent à bonne intention, non pour le subiect proposé au texte que l'õ ne sçauroit precisémét alloyer à vnze deniers, qui est position repugnante à la verité, d'autant qu'il est aussi aisé de trouuer vnze deniers de fin en y mettant la matiere, comme dix deniers vingt deux grains, au lieu de laquelle matiere les Maistres des monnoyes qui sont marchands qui veulent gangner, y meslent trop de

cuiure ou trop grande quantité de bas
billon , & d'autant que nous traicterons
plus amplement cy apres de cefte matié-
re,nous differerons demonftrer l'imper-
tinence de l'Auteur, condamne meime
par l'eualuatiõ poitee par l'Edict de 602.
par lequel tous les quarts d'efcus ne font
eualuez qu'à raifon du fin qu'ils tiennent,
dix-neuf liures trois fols le marc, qui eft
la valeur de dix deniers vingt-deux
grains : Il eft donc tout notoire que le
marc en œuure porte de dechet ou de
defpence dix-huict fols fix deniers, fans
y comprendre le foiblage de poids,autre-
ment faudroit arguer d'infufilance ceux
qui ont faict l'eualuation des monnoyes
en l'an 602. & auoit fciemment faict perdre au peuple trois fols pour marc.

Turquant. pag. id.

Et pour la taille vn cinquiefme de piece pour euiter la refonte de leurs ouurages, s'ils eftoiẽt foibles de ce cinquiefme:
& eft à l'option du Maiftre d'vfer de ce
priuilege en payant lefdictes efcharcetez
de loy & foiblage de poids à fa Majefté:
mais le plus fouuent lefdicts Maiftres ay-
ment mieux employer lefdicts remedes

dans leurs ouurages, au profit du peuple
que de les payer à sa Majesté.

Responce.

Le plus d'ambiguité & obscurité est
ce qui agree à l'auteur, il est donc besoin
de sçauoir que c'est que foiblage d'vn
cinquiesme de piece de seize sols, à sçauoir trois sols deux deniers, deux cinquiesme de denier, ou la cinquiesme partie de sept deniers douze grains qui est
vn denier douze grains, il conuient aussi
sçauoir combié il entre de pieces de seize
sols au marc, il n'y a point de doute que
à raison de ce poids de sept deniers douze grains, il s'y en trouuera vingt-cinq
pieces, trois cinquiesme de piece, ou il ny
en deuroit entrer droiéts de poids que
vingt-cinq pieces vn cinquiesme de piece, & dans les remedes vn cinquiesme de
piece dauantage, neantmoins par la partition du marc entier qui consiste en quatre mil six cens huiét grains, cy trouueront vingt-cinq pieces, trois cinquiesme
de pieces entiers, sans aucune tarre ou fra-
étion : tellement que le peuple qui ne deuroit auoir pour son marc entier que
vingt-cinq pieces, vn cinquiesme se trouue plus pauure de deux autres cinquies-

me, qui vallent six sols quatre deniers,
quatre cinquiesme de denier, sans que le
Roy en tire que ce qui plaist aux Maistres d'en boëster.

Que si l'on desire venir à la preuue par
demonstration & plus facile intelligence
de ceste taille & foiblage excessif, il conuient diuiser & partir le marc par trente-
six grains, qui est vn cinquiesme de piece,
il se trouuera en vn marc cent vingthuiét
cinquiesme de quarts d'escu, ou il ny en
deuroit entrer que cent vingt six.

Turquant pag. id.

Et pour le regard des soixante grains
restant au marc par dessus les vingt cinq
vn cinq de piece, ie me souuient que cela
fut faiét en faueur des ouuriers pour euiter que les gardes ne s'y sailliassent à tous
coups leurs ouurages ne pouuant trauailler les pieces si iustes qu'elles ne demeu-
rassent entre deux fers, c'est pourquoy les
soixante grains furent accordez pour le
tresbuchant qui est à dire qu'il ne faut pas
que l'ouurier fasse ces vingt cinq vn cinquiesme de piece de poids tant seulemét,
mais tresbuchantes, & ainsi les soixante
grains entrent dans le marc à la piece qui
est le terme de l'ordonnance la piece re-

uenant au marc & le marc à la piece.

Si ce mot de tresbuchant à quelque
poids terminé , il ne peut eftre que
moindre d'vn quart de grain, mais il eft
bien moindre que minutte ou moment,
& n'eft pas la raifon pofee en la fuitte des
rencontres, mais pour faire dauantage de
foiblage à la foule du peuple,& fans profit au Roy.

Et pour la facile intelligence du mot
de tresbuchant qui n'eft pas quelquefois
la vingtiefme partie d'vn grain, le grain
vnité de quatre mil cinq cens & huiĉt, il
ne fera trouué mal à propos d'vfer de ceft
exemple fi vn maiftre de monnoye à tra-
uaillé en pieces de feize & huiĉt fouls foibles de poids en neuf marcs d'vn cinquié-
me de piece ou en pieces de dix fols huiĉt
deniers & cinq fols quatre deniers d'vn
quart de piece en neuf marcs,il ny a point
de doute que le foiblage des pieces de feize fouls fera de quatre grains de poids fur
chacun marc de quarts & huiĉtiefmes
d'efcus,& fur les pieces de dix fols huiĉt
deniers & cinq fols & quatre deniers
tournois de trois grains fix neufiefme de

grain pour marc, or si quatre grains font
foiblage en vingt & cinq pieces deux cinquiesmes de piece de seize ou cinquante
piece deux cinquiesme de pieces de huict
sols, & trois grains six neufiesmes de grain
en trente & quatre pieces & demie de dix
sols huict deniers pareille quantité fera
forsage sur les mesmes espaces, & ainsi il
ne faut vn douziesme de grain pour faire
vn tresbuchant à la piece.

Si le vray esprit de Samuel ou de feu
Maistre Thomas Turquant auoit parlé, il
auroit dict dés l'an soixante & quinze, i'a-
uois preueu que la taille des pieces de
quarts d'escu du poids de sept deniers
douze grains estoit preiudiciable au seruice du Roy & de tout son peuple, & que
iamais tel foiblage n'auoit esté introduit
& des lors estois d'aduis que le quart d'escu feut du poids de sept deniers quatorze
grains, comme il peut & doit estre, & luy
resteroient pour tresbuchant cinq septié-
mes de grain sur chacune piece, & que la
taille des anciens gros de trois sols donc
il s'en trouue encore beaucoup par tout le
Royaume, la piece estoit du poids de
deux deniers seize grains, ainsi que la rea-
le simple d'Espagne estant le tresbuchant
sur le fort.

Et en ce temps feurent introduites les
pieces de vingt sols, dix sols & cinq sols,
desquelles il entre au marc soixante &
neuf pieces droict de poids & auec le remede soixante & neuf pieces & demie
pour le tresbuchât desquelles il n'y a que
trois grains six neufiesmé de grain au
marc & à la piece pour tout tresbuchant
ce que chacun peut iustifier par la lecture
de l'ordonnance , & en faire l'espreuue
par la partition du marc entier contre la
suitte des rencontres de Maistre Guillaume en l'autre monde, & demander a Maistre Guillaume &à ses adherans d'où prouient la raison de telles diuersitez de taille & poids pour tresbuchant, veu qu'il y a
plus de deniers en la taille des pieces de
cinq sols & moins de poids pour le tresbuchant que aux huictiesmes d'escus, il
pourra bien dire que c'est pour auoir plus
de foiblage.

Et ceste demonstration est si notoire
& certaine que le tresbuchant de soixante grains au marc d'argent des pieces de
seize sols ne font qu'à l'aduantage des
Maistres & vn fond imaginaire au Roy à
la foule de son peuple qui est de six sols
quatre deniers quatre cinquiesme de denier

nier pour marc des pieces de seize sols,
lesquels ioincts à la traicte & escharceté
de loy reuiendront à vingt quatre sols dix
deniers sauf plus grãd foiblage & eschar-
ecté.

Turquant. pag. idem.

Et ne pouuant alier l'or de nos escus à
vingt trois Karats iuste, l'on accorda en
faueur desdits Maistres vn quart de Karat
de remede & deux felins sur la taille estãt
à la discretion des Maistres de s'en seruir
en les payant à sa Majesté ou de nõ s'en
seruir & les mettre dans la piece comme
ont faict plusieurs, & pour les quarante
grains restant à la taille du marc, cela va
pour le tresbuchant de septante deux escus & demy qu'il y a au marc, & se retrou-
uent dans le marc à la piece comme i'ay
dict cy dessus de l'argẽt, & par ses raisons,
il n'y a que cinq liures trois sols de traicte
sur le marc d'or, voila comme le menson-
ge est destruict par la verité.

Responce.

L'autheur pour maintenir le menson-
ge sayde d'vn peu de verité, l'esprit pito-
nicque disoit les remonstrances de Sa-

mitel à Saül. Pourquoy il euſt crainéte,
l'on n'eſt point en doute que la traitte
du marc d'or ordinaire, qui eſt le droiét
de ſeigneuriage eſtably en l'an 1601. &
non pas en l'an 1577. ne ſoit de cinq liures trois ſols, & que ſous pretexte des remedes que l'on faiét payer au peuple dót
le Roy ne reçoit rien, & neantmoins la
defeétuoſité eſt en l'eſpece à la piece, &
au marc pour le defaut de la matiere, &
que le marc entier n'entre en ſoixante &
douze deniers & demy de taille, & eſt vn
pareil abus des quarâte grains, pour le tre
buchant, dans lequel l'on peut trouuer
l'entier d'vn demy eſcu, & reſteront encores huiét grains, poids plus que ſuffi-
ſans ainſi que par l'ordõnance cinq cens
ſoixante & quinze, en la fabrication des
pieces de dix ſols & cinq ſols en leur taille trois grains ſix neufieſmes de grain,
ſuffiſent pour trebuchant, & n'ya point
de difficulté aux deux exéples poſez, dõt
tous les iugemens de la Cour des monnoyes font foy, & qu'en l'or ainſi qu'en
l'argent bié que l'on compte par eſtelins
& felins vn demy felin faiét foiblage, &
pargaintſoittaire qui eſt moins qu'vn ſei-
ziéſme de grain pour piece.

Et à ce que chacun cognoisse la valeur
de ceste deffectuosité, vn quart de Karat,
vaut cinquante sols, vn denier quarante
grains & demy, valent quarâte sols six deniers lesquels ioints à cent trois sols font
neuf liures treize sols sept den. & en l'eualuation des escus legers, la matiere des
escus sol n'est evaluée que sur vingt &
deux Karats trois quarts, recours aux e-
ualuations faictes par l'ordonnance de
six cens deux.

Turquant. pag. 18.

C'est aduis estoit plus pernicieux que
le premier, car il eust pris vn denier de fin
pour la traitte sur chasque marc d'argent
qui eust vallu au prix de son argent fin,
trante six sols huict deniers, & pour marc
d'or, il eust prix deux Karats, qui eussent
vallu vingt deux liures.

Responce.

La bonté & benignité du Roy auoit
ouuert la porte de liberté à toutes propositions honnestes, & croyoit l'autheur
de cest aduis faire bien, & recognoissant
au Conseil de la Majesté, sa position n'e-
stre vtile au seruice du Roy, il s'en est de-
party.

I'ay appris qu'en toutes fes conferances ces confreres eftoient toufiours contraires en opinion, & ne s'accordoient
qu'e ces deux poincts de mettre vn douziefme de traitte fur l'or & fur l'argent,&
de faire vn party General des monnoyes
de France & de Nauarre.

Refponce.

Les rencontres ne viennent pas bie, les
propofans ne fe cognoiffoient, Erail n'a
iamais parlé de traicte ny de bail General ny de particulier, remettant cela au
Iuges qui ont la cognoiffance des monnoyes, Du Maine, a propofé vne traicte
beaucoup plus grande que la douziefme
valeur du fin, & ainfi que Maiftre Guillaume la recogneu en la page dix-huict-
iefme, & n'eft chofe nouuelle d'accufer
Maiftre Guillaume de courte memoire.
Erail l'a bien meilleure, & dict fon liure
tout du long, qui feroit raillard ou moc-
queur, auroit de quoy s'eftendre.
Le bail General des monnoyes de Fra-
ce & de Nauarre aux conferances pre-

mieres n'a esté proposé que par vn seul
qui cognoist les grands foiblages, & es-
charcetez de loy, qui se font en toutes les
monnoyes de France, & plus grand és
monnoyes de S. Pales Morlas, & Pau,
c'est pourquoy l'Autheur de ses rencontres est continuellemét posé en sentinel-
le pour aduertir ses assez ou ses Maistres, comme il a n'agueres faict, & lors
quele Receueur General des Boestes des
monnoyes a enuoyé expres à Bordeaux,
& si apres sera respondu de la necessité &
commodité du bail General.

Turquant. pag. id.

Vous m'estonnez Maistre Guillaume
quand vous parlez de ceste douziesme
de traitte. Et quoy ? tel eust pensé auoir
douze escus dans sa bource, & il n'y en
eust trouué que vnze, & eust faict perte
de huict pour cent par cest affoiblisse-
ment de monnoye.

Responce.

M. Thomas Turquant auroit dict ne
donnons de ce costé, car ioignant la trai-
te foiblage & escharteté, il se trouuera
treize quarnes de quarts d'escu, & treize

H iij

ſols, ne tenir de matiere que trente neuf
liures neuf ſols huiᶜᵗ deniers, & s'expoſer pour quarãte deux liures cinq ſols,&
ceſte deffectuoſité approcher à l'eſcu de
perte ſur douze, & s'il vient à l'eſpreuue
il nous conuiendra ayder des exceptions
des mauuais maiſtres de monnoye que
l'on a trié les ꝭ es fortes des foibles
que les laueurs & departeurs en ont tiré
quelques feuilles, ou cõme rapporte du
Maine qui n'a encores aprisles mots propres l'on en aura leue des eſcailles, &
nous arreſtera tout court ſur les eſſays
qu'il ſçait faire à la Turque, & nous conuiendra auſſi dire que le Roy d'Eſpagne a
alteré les B ealles ou il ne ſçauroit ſeulement y penſer, pour crainte de famine en
tousles Royaumes.

Il dira dauantage qu'il n'y a bride plus
ferme pour empeſcher les Maiſtres Gardes & ouuriers des monnoyes de trauailler ſur le foible que inſtruire vn chaſcun
de la valeur du grain d'or ou d'argent des
monnoyes, pour eſtant le peuple inſtruit
de l'alteration au poids, il ſçache iuger la
valeur de la matiere par diſtraction d'vn
trezieſme, & rendra ceſte ſcience qui nous
eſtoit particuliere, commune & intelligible & parant.

Marius Gratidianus Tribun du peuple à Rome enseigna la maniere de discer-
ner la faulse monnoye d'auec la bône. Iu-
lien Empereur long temps apres establit
vn Magistrat en chascune bonne ville appellé Zigostates ou Peseur duquel la
charge estoit de peser les monoyes pour
empescher que l'achepteur ne fust trôm-
pé en l'exposition d'icelles, & autrefois en la halle au bled de Paris, il y auoit
vn bureau de changeur à pareil effect
qui estoit vn grand secours pour les pai-
sans & laboureurs, & par la forme, taille &
poids des monnoyes qu'il a proposez au
Roy, chacun auroit parfaicte cognois-
sance de la faulse monnoye pour la reietter, ny ayant point de moyen de falsifier,
rogner ny desaduouer par les Maistres &
Officiers particuliers des monnoyes, les
monnoyes faictes au imbulm.

Turquant. pag. 20.

Et pour le party General, il en fut arri-
ué semblable fin qu'à celuy qui en feut
mal mené pour auoir fait ce que ses gens
icy voudroient faire, les fermes generales
peuuent estre bonnes en quelque autres
choses, mais non des monoyes où il faut

que chafque Maiftre refponde de fon ouurage.

Refponce.

C'eft affez mal argumenté & encores
plus mal concluD & encores plus mal de-
uiné que pour auoir vn homme abufé du
vin, il faille arracher les vignes, autremét
tous ceux qui eñ buront s'enyureront,
L'viage du Moulin ofte tous les moyens
de falcifierou defguifer les monnoyes ou
les defaduouer, eftant toutes vniformes
a la taille volume & forme, ce que ne peut
faire la main de l'ouurier a la taille quand
il Heftrit , efcache, eftauque & bouë, le
moulin eft incorruptible qui ne degui-
fe le differend de la ville du Maiftre du
Tailleur, ny le millezime que le Maiftre
de monnoye fans l'ayde du monnoyeur,
peut efcacher au marteau : outre qu on
ne peut empirer la monnoye d'or ou argent qui fe fabrique au moulin , fans rendre le denier plus efpoix , fe feruaut d'vn
mefme coufteau ou couppoir , ou bien
eftendre le flan en plus grand volume, &
pour ce faire vfer d'vn autre couppoir,
pourquoy par l'atouchement , & fans lu-
miere, fe cognoiftra telle alteration , &
tout ouurage d'Alchemie employé en la
mon-

monnoye du moulin, ne peuuent endu-
rer la preſſe.

L'on n'a point mis en compromis ny
faiſt doute qu'en chacune monnoye, la
fonſtion d'vn homme entier, ne ſoit biē
neceſſaire pour eſtre la matiere des monnoyes fort chaſtouilleuſe, & ſans reco-
gnoiſſance, & ſeroit a deſirer pour le bien
des Maiſtres des monnoye qu'ils euſſent
des yeux de lingx, ou comme argus des
yeux de tous coſtez.

La negligence en la viſitation des mōnoyes particulieres a fait iuger & recognoiſtre que l'intereſt du particulier fait
bien ſeruir le general, & que ce qui cōcer-
ne l'intereſt du Roy, eſt couſtumieremēt
le plus negligé, Les monnoyes doiuent
eſtre vniformes, cela n'a encor eſté fait
depuis l'aduenement du Roy à la Courō-
ne, vn fermier general & les particuliers
ſousfermiers veilleront ſur les tranſports,
feront continuellement eſſays & pezées,
& pour reprimer les Maiſtres particuliers
des monnoyes neſcherra doreſnauāt autre commiſſion que le bail general, & ne
conuiendra differer a reprimer les mal-
uerſations des faux monnoyeurs, billonneurs & expoſiteurs de monnoye legere

& rongnée faute de fons, & les mōnoyes
alloyées en proportion douzieme ne feront a craindre les furhauffemens.

Turquant pag.20.

L'augmentation de l'or & de l'argent
eft vn affoibliffement &c. Et peu apres,
Or la France riche & oppulante n'a be-
foin d'affoiblir pour par ce furhauffemét
de traicte empefcher le tranfport, mais il
faut faire vn fi bon reglement fur tout ce
que l'on recognoift, qui apporte ce defordre, & laiffer le pied de l'or & de l'argent comme il eft, fans augmenter ny diminuer.

Refponce.

Eualuer l'or ce qu'il vaut d'argent n'a
iamais efté appellé afoibliffement, les efcus vieux eftoient & font à vingt-trois
Karats, & demy les gros d'argent eftoiét
à vnze deniers douze grains. ils furent
alterez iufques à vnze deniers fix grains,
c'eftoit vn affoibliffement, & comme
rapporte Tite Liue, la demie liure qui ne
valloit que la moitié de las feut expofee
pour las entier, & vouloir expofer fix deniers de cuiure pour fix deniers de fin,
qui poifent quatre onces, c'eft trop abu-
fer de la benignité d'vn Roy victorieux,
regnant paifiblement & en vn Royaume

riche de viures neceſſaires, & ſás leſquels
ſes voiſins ne ſçauroient viure : & a trop
d'intereſt la France de donner ſon bien
pour du cuiure, & ce que Mᵉ Thomas
Turquant propoſe de laiſſer le monde
comme il eſt, c'eſt participer aux tranſports, au billonnement, & faire curee du
ſang le plus pur des François, à l'aduantage des eſtrangers, comme il ſe peut iuſti-
fier auoir eſté fait l'augmentation du prix
du marc d'or & argent tant en matiere
qu'en œuure par l'Édict de l'an 602. en
laquelle année furent veritablement ſur-
hauſez l'or & l'argent, qui a eſté vne grande perte qui ne ſe peut reparer qu'en ega-
liſant l'or à l'argent en proportion douzieſme, tant en matiere que en œuure, en
laquelle année l'on auoit ſubiect de ſe
plaindre pour l'augmentation qui ce faiſoit ce qui ne ce fait à preſent, mais ſeulement l'on eſgaliſe l'or a l'argent, & l'argét
a l'or, pour reparer ceſte faute par l'enrichiſſement du Royaume, y faiſant battre
bonne & forte monnoye ſans ſubiect de
triage, & en l'an ſix cẽs & deux, il y auoit
ſubiect de renforcir les mõnoyes pour la
grande quantité de ducatons de Milan &
Florence tresbonnes monnoyes, qui ont

ou la plus part esté conuertis en pieces de
dix sols, & cinq sols de loy a neuf deniers
vingt deux grains.

Turquant feuillet 21.

Ie sçay qu'il vouloit que l'argent fin qui
vaut par Edict vingt & vne liure trois sols
ne valut que 20. liures dix-huict sols dix
deniers, qui eust esté de perte quatre sols
deux deniers pour marc, & prendre encor la dessus vne douziesme de traitte,
c'estoit mal operé pour le peuple, & croy
que tous mes compagnons qui sont là-
bas diroient comme moy, qu'il n'ont iamais veu personne de sa qualité, aller si
scandaleusement contre son serment qui
l'obligé à ne conseiller iamais l'empiráce.

Responce.

L'eualuation de l'argent à vingt liures
dix-huict sols dix deniers, qui estoit quatre sols deux deniers moins que le dernier prix ne peut estre appellé perte, autrement les desordres reglez par sa Majesté en 93. és prouinces delà la riuiere de
Loire, ou l'argent valoit quatre vingts
seize liures, & en l'an 77. que l'argent valoit quarante liures, & lors des desordres
du temps de Phelippe le Bel, & Charles
septiesme, que l'argent valoit dauantage,

& furent reduits à sept liures dix sols le
marc : Ses Roys auroient eu de mauuais
Conseillers Generaux des monnoyes,
que nous voulons neantmoins imiter &
faillir auec eux : Et ses deux tres-prudens
& sages Parlements de Prouence & Dauphiné, lesquels ayant recogneu que pendant les desordres des monnoyes des an-
nees 1590. 1591. 1592. & partie de 1593.
que les plus riches & plus pecunieux de
ses Prouinces auoient presté leur argent
alteré & faict plusieurs pensions que l'on
appelle deça Loire rentes constituees,
ont retranché telles pansions & reglees, à
raison du fin non du compte imaginaire
& reduict l'obligation de quatre escus à
vn escu : Auec lesquels bons iusticiers ie
desire appauurir le peuple & la Noblesse,
laquelle si elle entend cé bon ordre, elle
recognoistra que l'on luy a conuerty ses
Cens & droicts seigneuriaux qui estoient
deniers d'argent en deniers de cuiure,
dommage & perte tres-bien remarquee
par Maistre Fràçois Garault contempo-
rin de M. Thomas Turquant, General
des monnoyes, & si M. Thomas Turquant viuoit diroit que telle diminutió
est vn renfort de matiere, & ne doit estre

appellé perte, mais enrichiſſement du
Royaume pour le peupler d'or & argent,
& non pas deſpeces de billõ ou de cuiure.

Et ſeroit a deſirer qu'il pleuſt a Noſſei-
gneurs du Conſeil dire s'ils ſont plus im-
portunez de demandes & requeſtes pour
faire des eſcus & forte monnoye que des
douzains, liards, doubles & deniers de
cuiure, eſtant le reſtabliſſement de la fa-
briquation de ſes doubles & deniers de
cuiure, à raiſon de l'ordonnance qui de-
fend de proceder a l'enterinemét de toutes telles permiſſiõs: Le ſubiect pourquoy
Maiſtre Guillaume appelle ceux qui ce
tiennent en l'obſeruatiõ des ordonnances engendrez de Thimon.

Et Maiſtre Thomas Turquant ne ſe
ſouuient en ceſte ſuitte des rencontres de
la differãce qu'il a recogneuë entre la traicte d'vn denier de fin plus que douzieme
de la matiere ou la traicte douzieme du
fin d'argent en œuure & moins d'auoir
baillé memoire au Conſeil d'vne traitte
douzieſme en œuure, & auoir hauſſé le
prix de l'or iuſques à deux cens cinquante neuf liures, duquel aduis l'on ne fiſt
miſe ny recepte, & en feut reprimé par ſes
cocompoſiteurs.

Le ferment que les generaux des mōnoyes doiuent au Roy & à leur patrie eſt
de ne point donner Conſeil de vendre
l'or & argent pour du cuiure, & de n'admettre l'eſcháge du bouclier d'or de Glau
cus à celuy de cuiure de Diomede, & eſt
ne ſe cognoiſtre en la bonté & nature des
metaux que de reietter la proportiõ douzieſme entre l'or & argent pratiquee deſ
le premier vſage de l'or & argent recogneuë neceſſaire du téps du bon Traian,
pratiquee par les premiers Roys de France en la fabricatiõ des deniers & Royaux
d'or des Frãcs à pied & a cheual des vieux
eſcus & premiers gros & teſtõs obſeruee
par l'Eſpagnol paiſible poſſeſſeur des mines d'or & argent nouuellement practi-
quee & prudemment obſeruee par l'Angleterre Royaume fertile en bleds, beſtail
& fruits à pepin & duquel les vieilles mõnoyes Angelos, nobles Henris & nobles
à la roſe approchoient touſiours du fin,
& s'oppoſer à ceſte proportion douzieſme tant en matiere qu'en œuure, recognoiſſant la deſpence des droits de Seigneuriage eſcharceté de loy & foiblage
de poids approcher à la traitte douzieſme, c'eſt s'oppoſer au ſeruice du Roy &

enrichiſſement de ſes Royaumes à l'aduantage des Eſtrangers, auſſi l'auteur de
ceſte Satyre eſt eſtranger & nouuellemét
accalé à Paris.

Turquant page 22.

Ie dis que l'or à vingt deux Karats eſt
plus ayſé à falcifier que l'or de nos eſcus,
qui eſt à vingt trois Karats &c. & peu
apres.

Ces nouueaux oppoſans, veulent faire
trauailler l'or à vingt deux Karats ſur le
fort qui eſt vingt deux Karats & vn quart.

Reſponce.

Ceſte queſtion eſt indeciſe & difficile
à terminer qu'il ſe voye plus de Piſtoles
faulſes que d'eſcus au ſoleil, vn faufmon-
noyeur ſ'excuſoit qu'en France il ne fal-
cifioit pas la monnoye du Roy, mais du
Roy d'Eſpagne, & pour empeſcher a perpetuité la falcification des monnoyes de
France, il ne conuient que reſtablir l'vſage du moulin, & n'ayant point cours la
monnoye d'Eſpagne, la France ſera ga-
rentie de ce danger d'auoir plus de Piſtoles faulſes que d'eſcus de France.

Si trauaillez ſur le fort ſignifie vingt
deux Karats vn quart, Maiſtre Guillaume
a bien remonſtré & ſi l'vn des propoſans

l'a

l'a dict & rapporté, l'or d'Espagne estre à
vingt & vn Karat trois quarts, c'est vne
mauuaise consequence, & l'argumēt n'en
vaut rien, pour conclure que le pistolet
soit à vingt & vn Karat trois quarts.

Le Roy d'Espagne tient toutes ses
monnoyes fortes en poids & loy, & s'il y
a aucune alteration elle ne vient de la soy
d'Espagne, mais de la transgression des
Maistres de monnoyes, & sont les pisto-
lets d'Espagne à vingt deux Karats, les
realles à vnze deniers deux grains trois
quarts larges & fortes en poids & loy.

Maistre Thomas Turquant que l'on
introduict expliquer fort pour vn quart
de Karat, sera desaduoüé par les affineurs
& essayeurs, n'estant pas vn soixante &
quatriesme de Karat, ny aucune partie &
portion terminee, soit en la qualité des
metaux ou au poids du marc.

Turquant, page 23.

Notez que la traitte qu'on veut mettre sur le marc d'or en œuure, fera que ledict or à vingt-deux Karatz cousterà
plus au peuple que l'or à vingt-trois Karats, ainsi qu'il se fabrique maintenant.

Response.

L'eualuation faicte de la matiere des

K

eſcus legers eſt contraire au contenu de
ceſt article, ou bien volontairement on
faict perdre au peuple vn quart de Karat
comme nous l'auons pluſieurs fois repreſenté, & n'y a rien plus certain que l'or
& l'argent en eſpece de monnoye, s'ex-
poſenr plus que la valeur de leur fin , à
raiſon de la deſpence pour les fraicts de
la forme, & eſt ce diſcours mal à propos
pour vn General des monnoyes.

Soixante & quatre eſcus vieux à ſoixante & dix-huict ſols piece, valent deux
cens quarante neuf liures douze ſols , &
n'y a point d'or à ce prix, & la matiere
n'en vaut que deux cens trente cinq liures neuf ſols dix deniers tournois, &
ſeroit mal conclud dire que vingt trois
Karats & demy en œuure de monnoye
couſteroient plus qu'vn marc de vingt-
quatre Karats, qui ne vallent que deux
cens quarante liures dix ſols , ainſi que
Maiſtre Guillaume & ſon grand Clerc le
propoſent en la page 42. ſans deboutõner
leur pourpoinct, où ils n'entendent ce
qu'ils diſent.

Turquant. pag. id.

De trauailler l'argent à vnze deniers
ſur le fort, qui ſeroit vnze deniers deux
grains, &c.

La refponfe precedente deuroit fuffi-
re & fi du Maine en a vfé, c’eft pour ne
l’entendre pas, & n’eftre fa vacation. Et
Maiftre Thomas Turquät ne parleroit iamais ainfi,& par les rapports des effayeurs
ces deux mots *large & fort*, fignifient
moins qu’vn huiétiefme de grain en l’argent, & moins qu’vn foixante quatrief-
me de karat en l’or.

Tout le refte de ceft article conte-
hant que les marchands apportent en
France les Realles indifferemment cour-
tes & legeres d’Efpagne : fi cela eftoit les
marchands perdroient leur bien, ils les
reçoiuét telles en la vente de leur mar-
chandifes : mais ils laiffent les legeres &
rõgnees dans le pays, & celles qu’ils co-
gnoiffét eftre deffectucufes, mais les bõ-
nes & fortes de loy à vnze den. quatre &
fix grains, comme font celles que l’on appelle Crapaudines à Tholofe, fabriquees
à Barfellonne ou à la Gerbe aux Colom-
nes, & fabriquees en Aragõ & Caftile, elles fe trouuerõt toutes fortes & de vnze
deniers quatre & fix grains de loy, & s’en
trouue peu qui ne tiennent vnze deniérs
deux grains trois quarts de grain, & s’ils’õ

eſt trouué a dix deniers quatorze & ſeize
grains elles eſtoient faulſes :   Et vſer de
tels termes n'eſt parler en general des
monnoyes , mais en maiſtre de monnoye qui a alteré les eſcus & demys eſcus ou les quarts d'eſcus qu'il a fabriquez
pour en reietter la faute ſur la matiere qui
vient d'Eſpagne, laquelle quand elle ſeroit deffectueuſe, & que tous les Princes
voiſins, ou qui circuiſent la France alte-
reroient leurs monnoyes , cela n'eſt preiudiciable aux Eſtats où l'ordre & bonté
des monnoyes eſt bien reglé. Qui fait negoce de ces deux metaux d'or ou d'argent, en matiere ou en œuure de monnoye. Il s'informe par l'eſſay & la preuue
de la bõté auant que de l'achepter, & les
Maiſtres des monnoyes auant que de faire leurs alleages doiuent eſtre aſſeurez du
tiltre.

Turquant. page 25.

Plus il eſt à remarquer que trauaillant
ſur le fort de poids & loy, c'eſt vne grande deſpence pour le peuple ſans aucune
vtilité, par ce qu'en fabriquãt les eſpeces
l'on en pourra tirer iuſques à la valeur de
ſix ſols pour marc d'argent, & de ſoixante & huict ſols pour marc d'or , & eſtre

dans les termes de l'ordonnance sans
payer aucune escharceté de loy , ny foiblage de poids , qui feroit oster à sa Maiesté ce droict pour le prodiguer à des
personnes qui s'en preuaudroient à ses
despens, & de son peuple.

Responfe,

Maistre Thomas Turquät doit auoir
estudié à l'Alquemie, ou autrefois tiré
des feuilles d'or & d'argent sans diminuer le poids,ce que l'on ne luy accorde-
ra pas,aussi ne sçait-il ce qu'il propose que
en fabriquant les especes fur le fort en
poids , & larges de loy l'on en pourra
tirer six fols du marc d'argent , & foixante & huict fols du marc d'or,& estre dans
les termes de l'ordonnance , qui est vn
secret que l'on pourroit vendre aux Al-
chemistes qui ont ceste croyance & assez
cherement de rogner les monnoyes, ou
les alterer en leur fin , fans defchoir de
leur poids, & meritoit ce secret estre rapporté deuant le Roy & Messieurs les Cô-
missaires, lors que la porte estoit ouuerte
à toutes persónes de propofer des moyés
de reformer les monnoyes pour l'enrichissement du Royaume, & ne sçait que
trop bien ce Maistre de monnoye que les

laueurs & tireurs de feuille d'or & argent
meurent de faim, n'ayant ceste inuention
esté trouuee que par des Charlatans qui
gaignent plus à l'enseigner , & que les laueurs & rogneurs n'ont poids ny mesure,
& ne s'amuse à alterer les mónoyes pour
si peu, & que les Maistres des monnoyes
qui s'aydent de telles excuses est pour a-
uoir subiet de desaduoüer leurs ouurages,
artifice nouuellement pratiqué au iugement des boëstes & qui n'estoit en vsage
il y a quinze ans & moins & inuentez à
Iuranson par vne compagnie de Philoso-
phes pres-la ville de Pau en Beard : ou
M. Guillaume à faiсt son chef-d'œuure.

Turquant page 26.

Et vn Maistre qui aura haste de son ouurage aura bel attendre qu'on racoutre sa
machine,puis elle ne tera iamais les pieces de mesme poids &c. & peu apres en la
page 27. Si cela auoit lieu, que deuien-
droiét tant d'ouuriers & monnoyers &c.

Responce.

N'ayant peu contredire l'vsage du
Moulin, l'on c'est rué sur le mot de Machine pour en auoir vsé, le sieur du Maine,& l'on oppose sous ce mot la ruptu-
re des engins qui ne doit estre considera-
ble,veu la perfection que le moulin dóne

à la forme des monnoyés qui rend auſſi
facilement & mieux les pieces de poids
par ſon couppoir comme la main de l'hõ-
me, & ſi les doubles & deniers de cuiure
ſont de recours & les pieds fors, ainſi le
ſeront les monnoyes tant d'or que d'argent,& eſt auoir trop de ſoin que devou-
loir garentir les Maiſtres de monnoye de
perte,dont ils ſe ſçauront bien garder les
engins qui ſeruent a mener les orloges,
& les moulins à moudre ſe demontent,
& pour cela ne faut s'aider d'orloges &
de moulins & retourner à manger du
gland,ceſt mal conclud, il en faut tant
faire que pendant que l'vn ſera rompu
on trauaillera à l'autre.

Empeſcher que l'on ne monnoye au
moulin eſt faire tort à la reputation des
ingenieux artiſans François qui ne ſont
moins induſtrieux que les Germains, Ita-
liens, Eſpagnols, & Bearnois, deſquels
nous voyons les doubles ducats,piſtolets
ſimples,& doubles ducatons, reales &
quarts d'eſcu fabriquez au moulin , &
meſmes la monnoye nouuelle d'orargēt
& billon , fabriquees par Monſieur de
Neuers, au moulin , & auoir plus
de ſoing a faire des doubles & deniers de

euiure au moulin pluſtoſt que la mõnoye
d'or & argent, eſt vouloir croupir au mal,
& deſordre des monnoyes.

Et en ce qu'il propoſe que l'on oſte-
roit aux ouuriers & monnoyeurs le moyẽ
de gaigner leur vie, c'eſt aſſez mal cõclud,
d'autant que les ouuriers & monnoyeurs
trauailleront au moulin, meneront la bar-
re, tailleront, recuiront, mettront à la re-
nalle, emboëſteront les flancs & les reti-
reront.

Turquant. pag. 28.

Et de dire que l'abus vient de ceſte
proportion, cela eſt bon adire à ceux qui
n'entendent rien au faiſt des monnoyes,
veu que cela ne c'eſt iamais pratiqué en
France ny en toute l'Europe, ny ſe peut
pratiquer, & ie m'en va prouuer mon dire par raiſon demonſtratiue.

Reſponce.

C'eſt vne grande aſſeurance contre le
teſmoignage de tant de doctes perſon-
nages, Platon, Pline, Agricola, Gabriel
Biel, Cuuariuias, Budée, Dumoulin, Bo-
din, & le teſmoignage que nous auons en
ce qui reſte des anciennes monnoyes
Royaux, deniers d'or, frãcs d'or a pied & a
cheual, gros de trois ſols, qui ſont de matiere

trere d'or & argent approchans au plus
parfait degré de leur bonté, & le peu de
temps que sont introduits ces mots Ca-
balistes Argent, le Roy de haute loy, argent, le Roy de basse loy, argent de Cour,
depuis l'vsage desquels c'est abatardy
le nom propre des metaux d'or & argent
fin, & est ce que Maistre Thomas Turquant appelle iamais:

Et en ce qu'il propose toute l'Europe,
les tiltres des pistoles, & des realles d'Espagne, les Iacobus & Chelins d'Angleterre luy contredisent & luy mesme en la
matiere hors d'œuure.

Turquant

Multipliez vingt & vne liure trois sols
par douze, il en prouiendra deux cens
cinquante trois liures seize sols, qui est de
plus que celuy d'apprefent treze liures
six sols, partant c'est affoiblir le marc de
ce surplus.

Responce.

Le temps, l'vsage, & la raison ont faict
recognoistre que l'or n'estant eualué, son
prix estoit le subiect du transport hors le
Royaume, des especes d'or, & pour les
conseruer. Le marchant duquel les ri-
chesses consistent en or & en argent, en a

furhauſſé le prix , autrement il ne ſi en
trouueroit plus,en quoy la France auroit
receu vne notable perte de laquelle le
Roy la voulant garentir, a eſualué l'vn
de ſes deux metaux, par l'autre ſelon l'ordre tenu par le bon Empereur Traian,
qu'autres ſages Empereurs, & du Roy
Philippe cinquieſme ſurnommé le Lõg,
Charles cinquieſme Empereur & Roy
d'Eſpagne : Les Roys Philippes d'Eſpagne & Iacques d'Angleterre, tellement
que le poids de leur monnoye d'or eſt
payé de douze pieces d'argent de pareil
poids & valeur. Et ce Mᵉ. de monnoye
eſt bien ennuyé que l'on vueille chaſſer
le cuiure de l'argent & l'or, à l'exemple
de Aurelian Empereur qui regla le tiltre
des monnoyes en ceſte ſorte, & tous ouurages qui ce faiſoient en priué, meſme
le tiltre des medales, & ainſi eſgaliſer ſes
deux metaux ne ce doit appeller affoiblir.

Turquant. pag. 29.

Et l'or a vingt deux Karats à ce tiltre
vaut deux cens trente deux liures treize
ſols hors œuure, & en œuure l'on le faict
valoir deux cens quaráte neuf liures &c.
& plus bas, partant le peuple y perdroit
vnze liures quatre ſols cinq deniers.

Par l'eualuation de l'ordonnance do
ſix cens & deux, le fin qui eſt dãs le marc
d'eſcus au ſoleil, vaut deux cens vingt
ſept liures, & en œuure d'eſcus a deux
deniers quinze grains treſbuchant ou il
entre ſoixante & treize eſcus, leſquels à
ſoixante & cinq ſols piece reuiennent à
deux cens trente ſept liures cinq ſols qui
eſt dix liures cinq ſols plus que la matiere, que ie ne ſeray ſi hardy de conclure
eſtre perte au peuple, ſinon par l'aduis de
l'Autheur de la ſuitte des rencontres, &
apres que les Maiſtres des monnoyes ont
rendu leurs ouurages foible en poids &
loy, pour leſquels foiblages il conuient
d'eſcrier les monnoyes, les porter à la
fonte, & par conſequent perdre le droiĉt
de ſeigneuriage, foiblage, & eſcharceté
de loy.

Turquant fol. 30.

L'on fait valloir par ceſt Ediĉt l'argent
à vnze deniers ouuré vingt liures quinze
ſols, & nos quarts d'eſcus ne vallent en
œuure que vingt liures trois ſols deux deniers qui eſt de difference vnze ſols dix
deniers pour marc.

Responce.

En la page cinquante-deux nous auons
fait veoir que au marc de quarts d'escus
en œuure, il y entre vingt cinq pieces trois
cinquiesme de piece qui vallent vingt liures neuf sols sept deniers, dans lesquels
il n'y a d'argent que dix neuf liures trois
sols, & ne doit pas auoir bien leu l'ordonnance de six cens deux.

Turquant pag. 31.

Sçachez que le marc de nos quarts
d'escu est à vnze deniers de fin deux
grains de remede &c.

Responce.

En la page cinquāte trois il à esté monstré quel est le fin & la taille dans les remedes de loy & du poids, du quart d'escu
à sçauoir de sept deniers douze grains, &
combien il y en entre au marc: mais si l'on
veut prendre la peine de faire pareille
preuue des monnoyes de Morlas, Sainct
Palay, & Nauarrins: il si trouuera autre
plus grand foiblage & escharceté de loy.

Turquant.

Par cest Edict l'on veut fabriquer les
henriques d'argent à vnze deniers sur le
fort, qui seroit vnze deniers deux grains à
la taille de vingt pieces trois quars, qui se-

roit pour forſage vn denier douze grains
depoids, &c. Et peu apres Carlon veut
trauailler l'or à vingt-deux Karats ſur le
fort, qui eſt vingt-deux Karats vn quart,
& l'argent à vnze deniers ſur le fort, qui
ſeroit vnze deniers deux grains.

Reſponce.

Si trauailler ſur le fort en loy, ſignifie
vn quart de Karat ou ſur le fort en argent
ſignifie deux grains. Maiſtre Thomas
Turquant à bien rencontré, mais ſi vn ſix
vingts huictieſme, ou vn ſoixante & quatrieſme de Karat, eſt ce que l'on appelle
fort en l'or & vn ſeizieſme ou quinzieſme
de grain en l'argent, la preuue viendra
bien à manquer ; & de ce differend les affineurs & eſſayeurs ferõt bien foy, & blaſ-
meront Maiſtre Thomas Turquant de
courte memoire.

Turquant. pag. 24.

Remarques encor vne autre grande
faute, ils employent tout le marc à la taille ſans rien reſeruer pour le treſbuchant,
que le fort ſage qui eſt de quatorze grains
pour marc d'eſcus, iugez s'il y a moyen
qu'vn ouurier rende quatre vingt trois
pieces d'eſcus treſbuchant auec quatorze grains d'or, cela ne ſe peut, & de meſ-

me quatre vingt trois pieces d'argent
auec trente six grains pour tout tresbuchant, les Maiſtres des monnoyes, & les
ouuriers ont intereſt a ceſt article, les
Maiſtres pour l'argent à cauſe qu'il ſe dechet au blanchiment, & les ouuriers diront, il faudra tous les iours refondre
leurs ouurages a faute qu'il ne tresbu-
chera pas à la piece, &c.

Reſponce.

Mᶜ Thomas Turquant doit auoir ou-
blié que toutes pieces entre deux fers
paſſent en deliurãce, & de propoſer qu'il
ne faille employer tout le marc en la taille ſans rien reſeruer pour le tresbuchant,
c'eſt arguer toute l'ãtiquité, & deſirerois
que ce hardy Auteur peut cotter vn tref-
buchant dans la taille des vieux eſcus de
France & de Caſtille, de trois deniers de
poids, & en 52. ſtampes de monnoye de
France, Italie, Bretaigne, Sauoye, Suiſſe,
Eſcoſſe, du poids de deux deniers ſeize
grains, meſme en la taille des Piſtolets
d'Eſpagne, de deux deniers ſeize grains,
en toutes leſquelles eſpeces il n'y a
rien que le forſage pour lequel quatre
grains ſuffiſent pour marc, quand il ſeroit plus grand de perſuader au monde,

que l'on le peut tirer par artifice & rendre
la piece du poids de l'ordonnance, c'eſt
vrayement deceuoir & trõper le monde.

Propoſer que les Maiſtres ont intereſt
à cauſe du deſchet de l'argent au blãchi-
ment, c'eſt vne nouuelle Iuriſprudence
qui vient d'vn mauuais Maiſtre de monnoye, & ſeroit tollerable pour le billon, &
n'entre rien dans le blanchiment de toutes ſortes de monnoye d'or & d'argẽt qui
puiſſe alterer le poids, & l'ouurier n'a aucun intereſt ſinon qu'il trauaille plus foible recours aux Ordonnances, & Maiſtre
Guillaume n'a encor bien apris la nature de ces deux metaux qui ne deſcheent
point en leur fin, & ſ'il y a du deſchet, c'eſt
du poids de l'empirãce, & la matiere ſ'en
affine dauãtage, & en terme de monnoye
le dire commun eſt treſueritable que ce
que la main ne prend la terre le rend & ſe
trouue dans les croiſets & bourriers des
fonderies ou les Maiſtres des monnoyes
ne permettent autres que leurs domeſti-
ques d'y entrer.

Turquant.

Pour le deſcry des eſpeces eſtrangeres
&c. iuſques à la page 39.

Il n'eſt rien propoſé en tous ſes articles qui n'aye esté remonstré au Roy.

Turquant pag. 39.

Le surhauffement de l'or prouient du
trafic, à cause que les Marchands portent
en peu de lieu grādes sommes de deniers
& ayant besoin lesvns des autres, ils acheptent leur commodité ainsi peu à peu,
l'abus c'est introduit & s'augmente aussi
par la vente des marchandises, par ce que
le Marchant prend en payement toutes
sortes d'especes à tels prix que l'on vou-
dra, mais il vous vend sa marchandise au
prorata & fait tousiours bié son compte.

Responce.

Si le marchand prenoit toutes especes à la volonté de l'achepteur, ce seroit
chercher & trouuer la pauureté que le
marchant fuit de tout son cœur, que si
c'est le contraire & qu'il l'accueille.

Maistre Guillaume a bien rencontré,
mais le marchand est bien plus aduisé,
voyant le desordre des monnoyes sur les
deniers courans, il sçait faire son compte,
& lors que luy sont representees especes
d'or ou d'argent, dont il ne cognoist le
sol du fin, il les reiette & ne les reçoit, autrement il perdroit son bien, & tout marchand qui prend matiere d'or ou argent

de

de laquelle il doute du fin, il ne l'eſtime
iamais qu'a 12. grains moins de ſa bonté pour ſe garder de perte & le ſeu termi-
ne couſtumierement ſemblables diffe-
rents, meſme entre le marchant & les
maiſtres des monnoyes changeurs & orfeures qui fuient & craignent tous les
Alchemiſtes, recours aux ordonnances.

Et tout le deſordre du ſurhauſſement
des monnoyes & tranſports ne prouient
que de la diſparité des alleages, qu'vn
graué auteur de noſtre ſiecle à bien &
prudemment ſceu remarquer & côtter
vn tranſport de quatre millions d'eſcus
en douzains, & lors les eſpeces d'or & argent demeuroient, par ce que les douzains qui paioiẽt l'eſcu valloient dauãtage, ce qui n'auroit pas eſté fait que pour
le profict, d'autant que l'eſcu mis à ſoixãte ſols n'auoit la bonté de ſes douzains, &
conuient qu'vn eſcu & ſon change ſoient
eſgaux en matiere & en œuure, autremẽt
l'on tirera touſiours au plus fort pour le
tranſporter & pour le conſeruer luy conuiendra accroiſtre ſon prix nonobſtant
tous les remedes des ordonnances & ce
à cauſe de la bonté de la matiere de l'vn,
& villité de la matiere de l'autre.

M

L'expoſition des eſpeces eſtrangeres
eſt le ſecond moyen des deſordres,& qui
induit les tranſports & l'a peu dire maiſtre Thomas Turquant en ſon temps,cō-
me ſes œuures le teſmoignent, & les autres en leur temps.

Turquant. pag. 40.

Le ſurhauſſement vient auſſi de ce que
l'orfeburie n'eſt pas bien reglee, l'orfeure
achepte & vent l'or & l'argent à ſa diſcre-
tion,&c.

Reſponce.

S'il y a plainte en l'orfeurie à raiſon du
prix de la vente de la matiere,pour les policer il conuient regler les monnoyes,
l'orfebure eſt marchand lequel deſire ſe
garentir de perte, & pour ce faire il luy
eſt neceſſaire de hauſſer le prix de l'argēt
en œuure,tollerant l'eſpece du Royaume
legere & eſtrangere,autrement il tombe-
roit en ruine, & bailleroit en ſa marchandiſe plus qu'il ne receuroit contre toute
régle de negoce, pour leſquels Orfeures
bien regler & policer,il conuient premierement regler les metaux & monnoyes
en proportion douzieſme tant en matiere qu'en œuure,& lors il ſera treſ-difficile
à l'orfeure de trauailler que par vn exceſ-

fif furchargement du prix de la matiere
& façon, pour lequel les bons menagers
fe retrancheront de l'vfage trop commū
de la vefelle d'argent par la praticque du
prouerbe que le couft en fera perdre le
gouft.

Turquant pag. 41.

Comment Maiftre Guillaume vous
vous en allez docteur au faict des monnoyes, il eft vray ce que vous dictes, qui
vous en a tant appris M͞ G. I'ay appris
ce traict qui eft plus vifible, & auquel on
donne moins, fi ie defboutonne vne fois
le pourpoint de ma fcience, i'en diray
bien d'autre, car ie croy eftre auffi grand
Clerc que fes donneurs d'aduis.

Refponce.

En l'article precedant a efté fuffifam-
ment traitté de l'orfeurerie, & le boulē-
ger ne peuft eftre reglé qu'apres le pris
du bled, & eft à craindre que M͞ G. ne fe
foit trop mis en colere, l'enuie & la colere
font deux efcueils & banĉts bien dange-
reux pour luy & plus à craindre que Silla
& Caribdis aux Mariniers ou que les Pages pofez en relais l'introduction de maiftre Thomas Turquant ne le garentira

pas du pouuoir de Iupiter qui se sçait vé-
ger des Serçoppes.

Turquant. pag. 42.

Car si en l'année 1577. l'on eust mis
vne si grande traitte sur l'or & sur l'argēt,
que l'ō y veut mettre, ceux qui ont àpre-
sent beaucoup d'argent perdroient pour
marc au descry vingt-sept sols, & pour
marc d'or seize liures sept sols, qui reuien-
droit à six pour cent & plus, tant sur l'or
que sur l'argent, outre le foiblage des especes rognees.

Responce.

Il faut que le menteur dise tousiours
quelque chose de son art, il n'y a aucune
perte en la monnoye d'argent, sinon que
les especes soient alterées de leur poids,
& se payera autant du fin, cōme par l'Ordonnance 602. à sçauoir dix-neuf liures
trois sols, & le deschet qui se trouue &
trouuera aux monnoyes cy deuant fabriquees pour le fin, ne vient à cause de l'E-
dict, mais de la matiere & alteration, à
cause des remedes qui reuiennent auec
le seigneuriage, à vingt-quatre sols dix
deniers.

Quand aux seize liures sept sols mali-

cieufement propofez de perte fur le marc
d'or, fi le marc d'or fin eft eualué deux
cens cinquäte trois liures feize fols vingt
deux Karats, trois quarts qui font la matiere des efcus fols eualuez par l'Ordonnance 602. deux cens vingt-fept liures: Le
Roy ordonne par fon Edict en eftre payé
deux cens quarante liures treze fols quatre deniers, qui eft quatorze liures trois
fols quatre deniers, plus que l'on ne l'a receu: & que l'eualuation portée par l'Edict
de 602. Ainfi ce recognoift le menfonge
vouloir tenir le lieu & place de la verité,
& que ce maiftre qui fçait ou l'or vaut
ce prix, voudroit efcornifler ceft aduantage, lequel fe trouuera faut fur les monnoyes d'or, que fur les bagues & ioyaux
d'or, fans aucune perte ny dommage ou
defchet, finon qu'il foit foible & alteré.

*Turquant. pag.*45.

Ny a il autre moyen d'empefcher le
tranfport fans cefte augmentation, ie dis
tout au côtraire que ceft inuiter les Princes voifins de changer leur pied auffi toft
qu'ils auront veu qu'on affoiblira en Frâ-
ce & qu'on aura mis ce forfage fur l'or &
fur l'argent qu'on leur dône de courtoifie, en forte qu'il fçauront fi bien propor-

tionner leur fin & leur taille qu'ils aurōt
moyē de refondre les nouuelles efpeces.
Refponfe.
Maiftre Thoumas Turquant a courte
memoire & ne fe fouuient qu'en la page
36. Il ne veut l'efpece eftrangere auoir
cours, & que l'on ne doit negocier en
France que de la monnoye du païs pour
fe garentir de l'alteration des monnoyes
eftrangeres, ou la France n'a aucun inte-
reft quand biē le Roy d'Efpagne & tous
les voifins qui circuiffent les Royaumes
de fa Majefté reduiroient toutes leurs
monnoyes a fept & huiét grains de fin,
comme font les Vaquetes de Nauarre ou
Maiftre Guillaume a appris d'eftre maiftre de monnoye, le fin defquels Vaquetes ne fçauroit valloir dix fols & f'expofe
pour trente & trente trois fols, & n'eftoit
que ie veux fuyr les iniures & les repro-
ches, ie reprefenterois qu'vn des fubiects
du Roy eftant venu de par·deça pour
en former plainte a force de menaffes a
efté contraint de fe retirer.

Il ne faut point craindre vn nouueau
pied qu'en l'alteratiō des matieres, & deuroit Maiftre Guillaume f'eftendre en la
courtoifie que l'eftrāger reçoit du Fran-

çois, mettant dans le fin douze grains de
cuiure, dont monſieur Budée a reietté la
maniere de parler, & par tout ou il a parlé
du marc d'argent fin, Il a dit qu'il conſi-
ſiſtoit en deux cens quatre vingts huiĉt
grains, & en a treſprudemment & doĉte-
ment fait la diſtinĉtion comme depuis
a fait maiſtre Charles du Moulin, que
ceſt argent, le Roy de haute loy qui ſe cõ-
ſiſté en deux cens ſoixãte & ſeize grains.

Turquant. pag.43.

Vous faiĉtes le deuoir d'vn bon ſerui-
teur, &c.

Reſponſe.

Les Ediĉts ſont enuoyez aux compa-
gnies, non ſeulemẽt pour les enregiſtrer,
mais pour obſeruer ſil ny a point eu
quelque òbmiſſion ſi le Roy & le particulier recepuroient perte ou dõmage, & il
ſe voit peu d'Ediĉts ou les Cours de Parlement, Chãbre des Comptes & compa-
gnies ſouueraines n'ayent vſé de ſes mots
aux modifications & clauſes portées par
l'arreſt de verification, & ceſte clauſe ſeroit trop preiudiciable au Roy, & dauantage au Maiſtre de monnoye qui donneroit de la matiere plus que ſa valeur, & vn
marchant trafiquant en Eſpagne profe-

reroit beaucoup, & ne conuient fouz le
bon plaifir du Roy donner traicte a la
monnoye eftrangere, & auparauant l'an
fix çens deux la traicte n'eftoit fi auantageufe en la monnoye d'Efpagne comme
elle feuft attribuée par ceft Ordonnãce,
& eft a croire que qui leur a humblement
reprefenté a fa Majefté, elle auroit retrã-
ché c'eft aduãtage fait a la mõnoye d'or
d'Efpagne, peut eftre ce que M^e. Guillaume nomme, courtife de donner plus
de traicte a la monnoye d'Efpagne qu'a
celle de France.

Turquant pag. 47.

Vuidons cefte difficulté, ie dis que s'il
faut tresbucher l'or & l'argent à vn mefme poids, il faut que toutes les efpeces
foient iuftes & efgales, ce qui eft contraire à fa proportion, d'autant qu'il donne
plus de forfage à l'argent qu'a l'or, &c. &
plus bas outre ce que l'on a de couftume
de donner plus grand tresbuchant à l'argent qu'a l'or.

Refponce.

Il n'y a point de difficulté qu'il faut
que les pieces foient iuftes & efgales, &
n'y a rien de contraire à la proportion
douziefme & donner forfage moins à vn
mare

marc d'or qu'à vn marc d'argent eft vne
ignorance trop grande, & qui conferera
le remede & tresbuchant du marc d'or &
le remede & tresbuchant du marc d'argent aux pieces de dix fols & cinq fols, il
trouuera qu'au marc d'argent de pieces
de cinq fols & dix fols il n'y a que trente
huiét grains pour tout tresbuchant, & remede qui eft moins de quarante grains &
demy, qui font pour remede & tresbuchant au marc d'or, & fi les leéteurs defi-
rent s'efclaircir dauãtage qu'ils lifent l'in-
troduétion premiere des gros teftons &
continuation du regne du Roy François
premier, la piece du poids de fept deniers
vnze grains, tant s'en faut qu'ils y trouuent foixante grains pour le tresbuchãt,
au contraire ils y trouueront le marc entierement employé, & ainfi aux mõnoyes
d'or, tant de France qu'eftrãgeres, ducats
de Portugal, Piftolets d'Efpagne, Ange-
lots, Nobles à la rofe, double Albertus
nouuellement fabriquez en Flandres, du
poids de quatre deniers & leurs mõnoyes
d'argent, ainfi fe recognoift le menfonge
s'oppofer à la verité par ce Satirique &
Cocompofiteurs, contre lefquels ie diray
feulement que ceux qu'ils ont offencez

N

aux pages huict, douze, vingt, quarante,
quarante cinq, & quarante septiesme, les
pourront auec le temps reprimer.

Or bien que nous ayons respondu article pour article, neantmoins il ne sera
hors de propos, faire recognoistre l'equité de cest Edict, par vne demonstration
familiere à toute qualité de personnes
que nous suppliös humblement de differer a prononcer leur Iugement de celuy
qui aura mieux conseillé sa Majesté au
soulagement de son peuple, enrichissement de son Royaume de cest estranger,
& cocompositeurs &, n'eust esté les rencontres du nom de M. Guillaume, il peut
estre que ie n'eusse esté tant retenu, &
ne d'esaduoüe point auoir humblement
presenté au Roy en son Conseil, l'aduis de
la reformation des monnoyes, & pour
recognoistre s'il est vtile au Roy & au
Royaume : Estant d'accord, les propo-
sans & contredisans qu'il eschet & conuient n'admettre aucune espece estrangere, ny aucune espece de monnoye du
Royaume, legere rognee ou alteree: Il ne
reste que à sçauoir si le Roy peut & doit
de sa seule authorité & sans l'aduis de son
peuple, alterer les monnoyes & les affoi-

blir , & fans entrer en long difcours
ie tiens qu'il ne le doit : mais il peut
faire vn pied de monnnoye nouueau fans alteration ny diminution du
poids, & alloy & reduire les metaux à
leur valeur , fans en prendre l'aduis
de fes fubiects que felon fon bon plaifir,
& les difficultez que l'on pofe à prefent
eftoient a faire en l'an fix cens & deux,
d'autant que à qui eftoit deu treize efcus
en or, apres l'Edit ne s'en trouuoit auoir
que douze, & à qui eftoit deu feize efcus
en monuoye d'argent , ne s'en trouua
auoir que quinze, & auiourd'huy que le
Roy veut efgaler l'or à l'argent, & l'argêt
à l'or; & faire de meilleure monnoye tant
d'or que d'argent. Satiricquement par
perfonnes de peu eftrangers, & nouuellement accafez en fes Royaumes aux ga-
gés & penfion de fa Majefté, qui ne font
point fans adherês ennuyez que leurs ar-
dentes paffions n'ont efté fuiuies : Ofent
blafmer le Roy, & Noffeigneurs de fon
Confeil, parties defquels i'oferay dire l'e-
ftre faiêts inftruire au faict des mönoyes,
par des perfonnes les plus entendus qui
foient dans le Royaume, & me pourrois
aduancer de dire du monde, & font ve-

nus à l'eſpreuue du poids & de laiſſay, Iuges incorruptibles, conduicts par perſonnes experimentez & non paſſionnez.

Par l'Edict, il n'y a point de changement au prix du marc d'argent fin, ſinon
l'vſage des mots d'argent le Roy, de
haute loy, ſont abolis, & ne ſe parle que
du prix de l'argent fin à vingt & vne liure
trois ſols, qui ſont douze deniers de fin.

Le tiltre des quarts d'eſcu eſtoit à vnze
deniers de fin, deux grains de remede,
c'eſt à dire qu'il eſtoit permis aux maiſtres
des monnoyes de trauailler à dix deniers
vingt deux grains, & ſur ce pied ſont eualuez le fin des quarts d'eſcu legers & alterez en leur poids, ſous lequel tiltre nous
ferons l'eſpreuue de la valeur des quarts
d'eſcu & la valeur des pieces de vingt ſols,
qu'il plaiſt à ſa Maieſté introduire pour
cognoiſtre ſi quatre francs de la nouuelle
ſtampe ſeront auſſi bons en poids & en
loy que cinq quarts d'eſcu.

Vn de ſes Satyriques bien ſçauant en
latin, mais ignorant en François, dira que
tous les quarts d'eſcu ne ſont à ce tiltre, &
qu'il s'en trouuera droict de loy, auquel
ſuffira pour reſponce de dire qu'il ſeroit
bien hardy s'il les vouloit prendre tous a

dix deniers vingt & vn grain.

A ce doncques que chacun cognoiſſe l'equité de ceſt Ediƈt, la monnoye que le Roy commande eſtre faiƈte ſera auſſi bonne tant en eſpece d'or que d'argent, que les pieces de vingt & vn ſol quatre deniers, pieces de ſeize ſols, teſtons, & leurs diminutions, banniſſant l'vſage des remedes, & en vn mot la liure henrique de vingt ſols & ſes diminutions ſera plus forte de loy & auſſi bonne en ſa matiere qu'vn quart d'eſcu, & la quatrieſme partie d'vn quart d'eſcu, ou pour parler pl° intelligiblemét par deniers & nõbres entiers, quatre liures henricques d'argent, ſeront de pareille valeur en leur matiere, que cinq quarts d'eſcu, & les quarts d'eſcus de poids ne ſe pourront fondre, & pour la monnoye d'or appellee liure henricque d'or de douze liures, ſix liures, & trois liures, la henricque de douze liures & demie henricque d'or de ſix liures, bien qu'elles ne ſoient de pareil tiltre que l'eſcu ſol, pour raiſon de la proportion douzieſme : neantmoins ſeront auſſi bonnes en leur matiere & valeur que cinq eſcus d'or ſol, & me ſera poſſible de fondre l'eſcu ſol, de poids pour le conuertir en ceſte

efpece, & impoffible de furhauffer l'efpece d'or de fon prix, d'autant que la liure
henricque d'or de douze liures, & fon
change en quelque efpece d'argent de
France, quelle fera a l'aduenir chãgee des
efpeces que le Roy introduict par fon
Edict, la matiere fera toufiours efgalle.

Et celuy qui donneroit d'auantage par
furhauffement de l'efpece des monnoyes
qu'il chãge, y perdroit & enrichiroit celuy
qui bailleroit la piece d'or contre la reigle
de change & billonnement, qui prouient
de la bonté de la forte monnoye & diminution ou alteration de la petite, & fi le
peuple a creu ainfi que plufieurs fois ie l'ay
dict & efcript, que foixante & cinq fols,
ou quatre quarts d'efcu, & vn douzain,
ou trois pieces de vingt & vn fol quatre
deniers & vn douzain, ou quatre teftons,
& trois fols payent la bonté de l'efcu fol.
Il c'eft grandement trompé & cefte def-
fectuofité des moindres monnoyes s'a-
croift d'auantage par l'vfage des remedes
en poids & loy.

C'eft pourquoy le Roy a ofté l'vfage des
remedes de poids & loy, & ãploye le marc
entier en la taille de fes monnoyes qu'il
veut eftre fabriquees a l'aduenir : fortes

en poids & loy, a la piece & au marc, l'efpece & fon change efgaux en bonté ; &
pour plus facile intelligence s'il plaift aux
gens riches & pecunieux ; efprouuer l'e-
quité & iuftice de ceft Edict, qu'ils poifent
dans leurs cabinets cent quarante cinq
efcus au foleil, contre vne liure ou deux
marc, ils recognoiftront ce qui defaut du
poids pour l'introduction & vfage des remedes, & croyant auoir vne liure d'or,
iugeront ce qui s'en faut, & efpreuuent le
femblable en la monnoye d'argent qu'ils
preignent cent vingt fix quarts d'efcus,
& les poifent contre cinq marcs, qui font
deux liures & demye. Ils recognoiftront
fi cefte quantité emportera le poids
de la balance, & reiecteront s'il leur plaift
en faifant ces efpreuues toutes efpeces rognees fans aucun triage des autres, & les
plus entendus & plus pecunieux choifi-
ront s'il leur plaift chacune efpece de mõnoye felon leur differans de la ville, & recognoiftront des monnoyes qui aura
bien ou mal ouuré.

A pres lefquelles efpreuues qu'ils con-
fiderent la traicte & droict de feigneuriage, efcharceté de loy & foiblage de poids
qui eft fur le marc de chacune efpece d'or

ou d'argent en œuure des monnoyes cy
deuant fabriquees, & le conferent auec la
traicte que le Roy veut faire porter a ses
monnoyes par son Edict, Ils recognoi-
stront la traicte ordonnée par l'Edict du
Roy n'exceder que de bien peu celle qui
est aux monnoyes cy deuant fabriquées.

La preuue demonstratiue pourra donner subiect d'vn vray certain & asseuré iugement de la bonté du Roy & soin continuel de l'enrichissement de ses subiects
en l'introduction du pied nouueau des
henricques d'or & argent.

Cinq quarts d'escu du poids de sept
deniers douze grains n'ont de bonté intrinseque que trois liures quatorze sols
neuf deniers, quatre liures henriques de
la nouuelle stampe serōt de meilleure matiere & de pareille valeur, & ne schet dire
ce qui est rapporté par le sieur du Maine
ny moins par la suitte des rencontres de
Maistre Guillaume, que le fin du marc a
raison des forsages de poids & loy vaudra
dix neuf liures quatorze sols cinq deniers
dire & escrire, cela est tesmoigner n'entendre la practique des alleages & fonte
des matieres d'or & argent & beaucoup
de grands & sçauans personnages sont
tom-

tombez en pareil erreur pour auoir traitté du faict des monnoyes, qu'ils n'enten-
doient pas la practique, & ainſi que deuant nous l'a commencé a traicter Me.
François Garaud General des mõnoyes.
Les meilleurs M. des monnoyes n'alloiẽt
iamais plus fort que ſur dix deniers vingt
trois grains, & les morfondus ſur dix deniers 22. grains, & les pires plus bas. s'ils fõ-
dent en fourneaux à vn œil, leur matiere
d'empirance & alleage s'exallera, & conuient qu'ils ſoient diligens a braſſer & ietter, s'ils fondent à la caiſſe & ſoufflets, la
matiere s'affine de beaucoup par le dechet de l'empirance qui ſe conſume par
le feu, s'ils fondent grande quantité de
croiſets, enſemble dans leurs fournaiſes,
quelque diligence que le fondeur apporte le dernier croiſet ſera touſiours de matiere plus fine, & les Maiſtres ne font miſe, ny recepte de ce dechet, d'autãt que le
poids ne ſe trouuant leur perte eſt recõ-
penſee par l'affinement, & de ſes trois ſortes de fonte, celle de la caiſſe à cauſe des
ſoufflets ſ'affine & purifie d'auantage, &
en vient couſtumierement, les Maiſtres
de Grenoble. A la grand fournaiſe, les
Maiſtres de Thoulouſe, & la plus gran-

de partie des autres Maiſtres, ſe ſeruent
des fourneaux à vn œil. Quand à ietter
& ouurer ils en vſent diuerſement en
lingotieres, ils iettent Royaux. En pier-
res, tuilles, en chaſſis, grilles, & les deux
dernieres ſont les pires : & qui cauſent
que la monnoye ſe deſchet & diminuë
par le temps, pour ne receuoir ſes façons
& recuites de l'ouurier, encores l'ouurier
à cauſe du prompt vſage du boüaire dont
il ne ſe doit ſi promptement ſeruir, eſte-
lant ſes ouurages, ce qui ne ſe feroit s'il
eſcachoit & fleſtriſſoit au petit marteau,
pour lequel eſtelage les Maiſtres s'excu-
ſent des foiblages du poids, & du boüaire, s'aident couſtumieremēt les ouuriers
de la monnoye de Nantes.

Il pourra eſtre que l'vn des lecteurs
dira que les quatre henricques d'argent
ne tiendront le fin de quatre liures en
pieces de vingt & vn ſols quatre deniers,
trois pieces de vingt & vn ſols quatre deniers, vne demie & vn quart font quatre
liures, le fin deſquels vaut ſeptante quatre ſols dix deniers.

Le fin de cinq teſtons, & cinq trente
& vingtvnieſme de teſton valēt quatre liures, la bōté deſquels en leur maniere ne
vaut que trois liures quatorze ſols neuf

deniers. Le fin deſquels eſpeces n'excedēt
la valeur de .quatre liures henricques, re-
preſentés en la page 92. la hēricque & demie, hēricque d'or valent en leur matiere
ſeize liures huit ſols deux deniers, & cinq
eſcus ſol ne valent en leur matiere que
quinze liures vnze ſols ſix deniers, & ainſi ſe recognoiſt le ſoin que prend ſa Majeſté pour l'enrichiſſement de ſon Royaume en renforciſſant ſes monnoyes.

Par ces teſmoignages certains & de-
monſtrations dont chacun peut faire l'eſpreuue & le controle en ſon cabinet tant
par l'haritmethique que par la repreſentation des pieces que i'oſe dire eſtre plus
foibles en l'œuure, que nous ne les repreſentons, & peut iuger lequel a mieux &
plus fidelement repreſenté le deſordre
des monnoyes, & le moyen d'y remedier
& recognoiſtre la fauſſeté de tāt de plain-
tes que l'on veut faire monnoye moindre que celle qui eſtoit cy deuant faicte,
laquelle nous repreſentons eſtre moindre que la nouuelle que le Roy veut eſta-
blir, & auec beaucoup de bons aduis &
raiſons qu'il n'eſchet de dire.

Et bien que i'aye eſté ennuyeux, ie
ſupplie le lecteur de ſe deſennuyer par la

O ij

repreſentation du pied nouueau par no⁺
preſenté au Conſeil, duquel Mᵉ Guillaume ne doit auoir eu communication ny
pluſieurs autres qui ont n'agueres traicté
du fait des monnoyes, leſquels propoſent
merueilles qu'ils feront & diront, mais
retiénent a dire au rang deſquels ne deſirant eſtre ou il y va du ſeruice du Roy
& de la patrie: le ne retiédray point à dire
ny communiquer ceſte taille & pied de
monnoye, dont l'eſpece ſera plus forte en
poids & loy que les eſcus ſol, pieces de
vingt & vn ſols quatre deniers, pieces de
ſeize ſols & leurs diminutions.

Et eſt à preſuppoſer qu'il auroit peu
eſtre agreable preſenté au Conſeil ſur les
humbles remonſtrances que l'on auroit
peu & deu faire, ſans s'aider de Satyres
contre vn Edict ſainct, à l'aduantage du
Royaume, & deſaduantage des eſtrangers: auſſi c'eſt l'on aydé d'vn eſtranger
& d'vn nom & ſubjeċ t'vn paſſionné, ſans
raiſon, ſans intelligence ny cognoiſſance
au fait des metaux & monnoyes, ainſi que
l'inuectiue le teſmoigne.

Pied de monnoye d'Or.

Soubs le bon plaiſir du Roy, ſe peut
battre mõnoye d'Or de loy, à vingt-deux

Karats sur le pied de deux cens cinquante
trois liures seize sols, l'or à vingt-quatre
Karats la piece du poids de deux deniers,
sept grains, sept huictiesmes de grain, qui
aura cours pour trois liures des anciennes & nouuelles monnoyes, à la taille de
quatre-vingts deux pieces deux cinquiesme de piece au marc, larges en loy & fortes en poids, desquelles s'en pourra frapper de trois liures, six liures, & douze liures: mesmes des huictiesmes de trente
sols, & des seiziesmes de quinze sols, desquelles la traicte sera de quatorze liures
vnze sols, moindre que celle qui est portee par l'Edict.

Pied de monnoye d'Argent.

Monnoye d'argent de loy à vnze deniers sur le pied de vingt & vne liure trois
sols, l'argent de douze deniers la piece du
poids de neuf deniers sept grains, trois
cinquiesmes de grain qui aura cours pour
vingt sols des antiennes & nouuelles mõnoyes, desquelles il en entrera au marc
vingt pieces trois cinquiesme de piece,
larges en loy & fortes en poids, & il
s'en pourra fabriquer des demies de
dix sols des quarts de cinq sols & des huictiesmes de deux sols & six, desquelles la

O iij

traitte sera de vingt & quatre sols trois deniers, qui est beaucoup moins que celle portee par l'Edict.

Le fin desquelles especes assauoir de six henriques de trois liures d'or vaudra seize liures dix huict sols dix deniers, qui est beaucoup plus que la valeur de la matiere de cinq escus sol qui ont cours pour septante deux sols piece, qui est dix huict liures, & ne vallent en leur bonté intrinseque que quinze liures vnze sols, à raison de deux cens vingt sept liures vingt & deux Karats trois quarts, & sur le prix de l'Edict du Roy la matiere ne vaut que seize liures neuf sols six deniers & demy.

Le fin de quatre liures henriques d'argent sera de trois liures quinze sols quatre deniers & demy, & partant l'espece plus riche & plus forte de loy que cinq quarts d'escus & leur valeur en testons & piece de vingt & vn sols quatre deniers, & leurs diminutions.

Autre pied de monnoye se pourroit dresser de loy a vingt trois Karats trois quarts, & d'argent à vnze deniers dixhuit grains auec traicte douzieme du fin de l'œuure, contre lequel plusieurs inconsiderements'opposent sans sçauoir lesfrais,

d'affiner qui ont esté les principales raisons proposées au Conseil du Roy pour
estre les matieres d'or & argent qui viennent en France de moindre tiltre, neantmoins qui consideréroit la bõté & necessité des fruits, pour le paiement desquels
l'or & l'argent nous sont laissez & baillez,
& la despence du marc de la vesaille d'argent qui est d'vn huictiesme & plus sur
chacun marc en œuure pour rendre l'argent estranger au tiltre du poinçon de
Paris, ne s'arresteroit à ceste traitte douziesme du fin & de cõtester la traitte douziesme en œuure d'or & argẽt sans qu'elle surpasse l'ancien droict de Seigneuriage, escharceté de loy & foiblage de poids,
c'est s'opposer au bien du Royaume, &
ayant sa Maiesté retranché la traitte douziesme du fin, & neantmoins reduit la
traitte du marc d'or & argent douziesme
en œuure, & ainsi que la matiere est douziesme & moindre que les droits ordinai-
res & extraordinaires qui se souloient le-
uer sur les mõnoyes, & dont le Roy auoit
la moindre partie, & par libelle diffamatoire s'opposer à l'Edit & publier desfor-
nettes en vn regne paisible ou la porte
estoit ouuerte à toutes personnes de cõ-

tredire auec raison, les propositions faites
au Conseil, & apres en auoir esté debou-
té temerairement & sur fausses positions
semer parmy le peuple que le Roy veut
alterer les monnoyes, & faire de quinze
sols vingt sols, cela est digne de correctiõ
duquel nousauons representé les faulse-
tez, & comment la monnoye d'or & argent que le Roy introduit est plus forte
en sa matiere, moins chargée de cuiure
& de pareille valeur que les escus sol, pieces de vingt sols, seize sols, testons & leurs
diminutions.

Et est a presupposer que si ce troubleur
de repost eust differé a publier son libelle
apres la presentatiõ de l'Edit du Roy en
la Cour des monnoyes, & qu'il eust faict
les supputations des monnoyes, Il auroit esté plus retenu & appris que les especes d'or & d'argent introduictes, sont
aussi bonnes que les anciennes auec la
conseruation des droicts de sa Majesté,
dont il estoit continuellement priué faute de police & bon reiglement.

Ou que par humble remonstrance il
eust representé a sa Majesté le dommage
qu'elle auoit receu & ses subjects, admettant l'exposition du doublon à six liures
dix sols,

dix fols,& fi l'ô auoit recogneu quelque
alteration en l'aleage, taille, traiɗe, prix
& pied des nouuelles monnoyes,il en auroit peu prefenter le remede conioin-
ɗement auec le dommage,comme humblement nous faifons par le pied de monnoye d'or & d'argent cy deuant rappor-
tez , les matieres defquels reuiennentà
la proportion douziefme non la traiɗe,
mais y approchant neantmoins telle que
n'admettant la monnoye eftrangere: les
efpeces d'or & d'argent nouuelles, ne
peuuent eftre furhauffees, tranfportees,
fondues par les Billonneurs, Orfeures ny
Maiftre de monnoye fans perte, n'y a iamais defaduouees,fabriquees au moulin,
apportât en iceluy Eɗiɗ vne correɗiô &
chaftimêt perpetuel de tous les faux-mô-
noyeurs qui ne peuuent falcifier la monnoye au moulin, & fi le fage legiflateur a
merité loüange reprimât les vicieux, celuy qui empefche les hommes de faillir
ne merite moins de loüange.

Et d'autant que depuis la prefentation
de l'Eɗiɗ il s'eft publié trois autres trai-
ɗes plus modeftes, deux par le fieur du
Maine, & le troifiefme par vn perfonna-

ge qui ce fait recognoiftre auoir efté general des monnoyes, Il y a quarante ans
promettant tous deux propofer moyens
de diminuer le prix de l'or & de l'argent
des mnóoyes, par r'enforcemēt des efpeces de monnoye pour l'enrichiffement
du General & du particulier du Roy &
du Royaume, qui font deffains loüables
& dont il auroit efté parlé aux Conferences, & par nous propofé de ramener le
marc d'argent fin à dix liures pour augmenter le fin de l'or & de l'argent des
monnoyes, fans mutation des contracts,
diminutions des richeffes du general &
particulier, ny que les monnoyes d'or &
d'argent cy deuant fabriquées eftant de
leur iufte poids, puiffent eftre fōduës ny
mifes au billon, il y aura moyen d'en propofer les expediés à fa Majefté, & les fub-
mette à la cenfure de toutes perfonnes,
experimentez au faict des metaux &
monnoyes defpoüillez d'enuie & de paf-
fion, à ce que fa Majefté, de fon regne
puiffe veoir les fruicts & labeur de fon
peuple, payez par les eftrangers en bonne & loyalles monnoyes defnuée de cuiure, & que comme les payens deffererent
de grands honneurs à vn Tribun du peu-

plé à Rome, & depuis à l'Empereur Tra-
jan pour auoir bien policé les mennoyes
de leurs téps, ainſi que du regne du Roy,
nous puiſſions veoir ſemblable police, &
le remercier à iamais des biens & graces
que ſon peuple, & la France ont receu,
reçoiuent & receuront à iamais par ſes
mains.

F I N.

Fautes ſuruenuës à l'Impreſſion.

Page 3. ligne 7. Champ, liſez *Camp* : p. 4. l. derniere Louis,
liſez *Loys* : ~~p. 14 l. 3 garend, liſez Garault~~ : p. 18. l. 11. auoir, liſez
auons : p. 19. l. 5. auſquels, liſez *auſquelles* : p. 23. l. 5. autres, liſez
autre : p. 27 l 2. vnicformes, liſez *vniformes* : lig. penul. huiĉt
deniers deux tiers, liſez *ſept deniers* : p. 28. l. 14. & pour, liſez
pour : p. 29. l. 14. dix, liſez *vnze* : p. 30. l. 15. introduices, liſez
interdiſtes : p. 31. l. 15. que, liſez *qui* : p. 32 l. 8. a, liſez *en* : ligne 14.
Agippa, liſez *Agrippa* : p. 33. l. penul. deordre, liſez *deſordre* :
p. 36. l. 21. ſciſt, liſez *fit* : p. 39. l. 21. & l'or l'argent, liſez *& l'or*
par l'argent : p. 40. l. 6. Franc, liſez *France* : idem lig. 9. ou liſez
en : id. l. 23. deux, liſez *a deux* : p. 42. puiſſe, liſez *puiſſent* : p. 44.
l. 15. payée, liſez *payées* : idem l. 21. & poids, liſez *en poids* : p.
45. l. 21 incomprehenſible, liſez *incomprehenſibles* : p. 58. l. 14.
lequel, liſez *leſquels* : p. 72. l 10. oppoſans, liſez *propoſans* : idem
l. derniere remonſtre, liſez *rencontre* : p. 91. l. 19. dix-neuf, liſez
vingt & vne : p 93. l. 13. eſcornifler, liſez *eſcogriffer* : idem l. 16,
faut, liſez *tant* : p 96. l. 9. leur a, liſez *l'euſt*, idem dix peur, liſez
& peur.

Extraict du Priuilege du Roy.

PAR grace & priuilege du Roy, il est permis à IEAN MILLOT Marchand Libraire en l'Vniuersité de Paris, d'imprimer & mettre en vente vn liure intitulé : *Veritable rapport des Conferances tenués à Paris & Fontaine-Bleau, pour remedier aux desordres des monnoyes. Et que les especes d'or & d'argent introduictes par l'Edict du Roy, sont meilleures que les anciennes monnoyes. Ensemble les responces au contre-disans à icelny edict :* Faict par Maistre Nicolas de Coquerel Conseiller & General en la Cour des monnoyes. Et ce jusques au temps & terme de six ans finis & accomplis, dans lequel téps deffenses sont faictes à tous Imprimeurs, Libraires, & autres de quelque estat, qualité, ou condition qu'ils soient de non imprimer ny mettre en vente ledict liure, sur peine de confiscation des exemplaires, & de quinze cens liures d'amende, comme il est plus amplemét declaré dans ledit Priuilege. Donné à Paris le vingt quatriesme iour de Decembre, l'an de grace mil six cens neuf. Et dé nostre regne le vingt-vniesme.   Par le Roy en son Conseil,

Signé,   BRIGARD.

www.ingramcontent.com/pod-product-compliance
Ingram Content Group UK Ltd.
Pitfield, Milton Keynes, MK11 3LW, UK
UKHW020002100726
13658UKWH00002B/772